# 刘炯朗读《三字经》

刘炯朗 著

中华书局

**图书在版编目(CIP)数据**

刘炯朗读《三字经》/刘炯朗著. —北京:中华书局,2015.9
ISBN 978-7-101-11086-9

Ⅰ.刘…　Ⅱ.刘…　Ⅲ.《三字经》-通俗读物　Ⅳ.H194.1-49

中国版本图书馆 CIP 数据核字(2015)第 157033 号

| | | |
|---|---|---|
| 书　　名 | 刘炯朗读《三字经》 | |
| 著　　者 | 刘炯朗 | |
| 责任编辑 | 方韶毅 | |
| 出版发行 | 中华书局 | |
| | (北京市丰台区太平桥西里 38 号　100073) | |
| | http://www.zhbc.com.cn | |
| | E-mail:zhbc@zhbc.com.cn | |
| 印　　刷 | 北京瑞古冠中印刷厂 | |
| 版　　次 | 2015 年 9 月北京第 1 版 | |
| | 2015 年 9 月北京第 1 次印刷 | |
| 规　　格 | 开本/880×1230 毫米　1/32 | |
| | 印张 8¼　插页 2　字数 140 千字 | |
| 印　　数 | 1-8000 册 | |
| 国际书号 | ISBN 978-7-101-11086-9 | |
| 定　　价 | 38.00 元 | |

# 序一

自从二〇〇五年秋天开始,我在台湾新竹的IC之音广播电台(FM97.5)主持一个独白的谈话性节目,每周二十二分钟,节目的名字是《我爱谈天你爱笑》。开始的时候,节目的对象是模糊地设定为新竹科学园区的工程师,其实,我手上拿着的是一张空白支票,让我想到什么、学到什么就讲什么。节目的内容反映了我个人的背景和兴趣,也暴露了我个人学养的不足,不过,我也希望节目的听众们,多多少少经由这个节目,温一点故,知一点新,和发现一些惊讶。

从二〇一〇年开始,时报文化出版公司的编辑部门,帮助我把我在节目讲的内容整理成书,《刘炯朗读〈三字经〉》是这一个系列的第七本书,目前的进度是在二〇一五年出版第九、第十本书。写有关《三字经》的书很多,详尽完整,远在我这本书之上,我只希望读者们把这本书看成一本趣味性的读物,可以作为课余饭后,谈天说地的题材。

中华书局决定出版这本书，也带给我一份鼓励，时无分古今，地无分中外，人无分老幼，学无分文理，字无分繁简，读书之乐，则一也矣。

刘炯朗
二〇一五年五月

# 序二

八年来，我在无线广播电台主持一个独白的谈话节目，叫做《我爱谈天你爱笑》，没有固定的方向和范围，可以说是"读了什么书，就讲什么"。这本书是我在节目里讲《三字经》和《千字文》的部分记录。

《三字经》是中国古代小朋友上私塾时，启蒙用的一册课本。在一千多字里勾画了一个有关教育、道德、文学、数学、历史和地理的大架构。我在这个大架构之下，以字句的解释、含义的阐述、相关的内容和轻松趣味的故事，作为"读"和"讲"的指引。虽然希望"乱中有序"，但是在全面性和平衡性等方面难免有所缺失，甚至可能有"四不像"之讥。

不过，"落花水面皆文章"就是我们读书人海阔天空、横冲直撞和胡言乱语的驾驶执照。

刘炯朗
二〇一三年十二月

# 目录

# 引言

　　"教育"这个词在拉丁文是ēducatiō，本意是"引导"和"养成"，在《孟子·尽心》就用过这个词，"君子有三乐"："父母俱存，兄弟无故，一乐也；仰不愧于天，俯不怍于人，二乐也；得天下英才而教育之，三乐也。"

　　教育是一个过程，从字面上可以拆开为教诲和孕育，"教诲"含有积极行动的意思，分得更细一点，教是灌输，使用比较集中和强大的力量，诲是导引，使用比较全面和轻柔的力量；"孕育"含有提供和营造一个环境的意思，分得更细一点，孕是从无到有，育是从小到大。下文特别要谈的是启蒙教育，也可以叫做幼儿教育，其中有许多观念和原则，在整个教育领域里是相通的。

　　教育的过程有三个面向：传授（instruct）、引导（invite）和启发（inspire）。一、传授，是知识的传递：对年仅三四岁，在古代进私塾、在现代进幼儿园的小朋友们而言，他们对语言、文字、算术乃至历史、地理、天文、气象都毫无或者只有薄弱的知识，因此教育内容的选择是一个重要的事情——对现代的小朋友来说，还得加上对第二国语言和方言的考虑等。二、引导，是学习方法和习惯的养成：我们要以传授为过程，以内容为载具，培养小朋友们探索（exploration）、想象（imagination）、模仿（imitation）、重复（repetition）和记忆（memorization）等的能力和习惯。三、启发，是学习兴趣的培养和提升：让小朋友不但积极地投入目前的学习，从中得到快乐和鼓舞，会更加主动地追求、发掘新的学习领域和方向。而这三个面向是相互为用、相辅相成的。

让我作一个对比，很不幸的，在今天"考试挂帅"的教育环境底下，教学的内容就是一纲一本，不可逾越的考试的范围，学习的方法就是强记、死记、恶补加强，学生体验到的是读书的痛苦和考试的无理。

中国古代小朋友上私塾时，启蒙用的课本就是所谓"三百千千"，即《三字经》、《百家姓》、《千字文》和《千家诗》。"启蒙"就是从零开始，站在教育的观点来说，就是从完全没有任何基础开始，把基本知识和观念，灌输给初进入某一个学问领域的人。同时，小朋友们对学习方法和习惯的养成，也是从零开始，他们不懂得任何方法，没有什么好的和坏的习惯，更何况读书是一件快乐还是痛苦的事情，他们也毫无先入为主的经验。当我们一一来读《三字经》、《百家姓》、《千字文》和《千家诗》这些启蒙教材时，也的确可以从这三个面向来评量这些教材。

## 启蒙字书小篆体

让我先倒叙一下历史上的发展：

秦始皇灭六国统一天下之后，在书同文的政策之下，由李斯编写《仓颉篇》，赵高编写《爱历篇》和胡毋敬编写《博学篇》三本字书，作为启蒙学童用的课本，而且用统一制定的"小篆"来书写，"小篆"也称作"秦篆"，可以说是中国第一次有系统地将文字书体标准化的创举。到了汉代，这三本字书合成一本，就叫做《仓颉篇》，字书里四字一句，而且句句押韵，可惜大部分已经失传，只剩下残章断简。我们在考古出土的文字里找几句作为例子。

"仓颉作书，以教后嗣。"仓颉造字，并且传授给后人。

"幼子承诏，谨慎敬戒。"小孩们得到这些教导，要小心谨慎地牢记奉行。

"勉力讽诵，昼夜勿置。"努力地去背诵，白天晚上都不可以停止。

"初虽劳苦，卒必有意。"虽然开始时很辛苦，后来一定能够体会到其中的意义。

这不就是和今天我们对幼儿园的小朋友讲的话一样吗?

## 《急就篇》易诵易记

秦始皇之后,到了西汉汉元帝时,史游编了一本教学童认字的书《急就篇》,"急就"是很容易学会的意思,《急就篇》里的句子有三言、四言和七言,同样都押韵,让小朋友容易诵读记忆,全文一千多个字,没有一个重复。《急就篇》开始的几句是这样的:

"急就奇觚[1]与众异",《急就篇》和其他书不同;

"罗列诸物名姓字",把各种物品、姓名罗列出来;

"分别部居不杂厕[2]",分门别类,不混杂在一起;

"用日约少诚快意",不需要花多少时间,就可学得心开意朗;

"勉力务之必有喜",努力学习,一定会喜悦快乐。

《急就篇》分成三部:第一部是姓氏,为了方便记忆,单姓加上两个字,复姓加上一个字,或者是名词、动词和形容词,凑成三个字一句,而且凑起来的句子都有典故和出处,

---

[1] 觚:古代刻书用的木简,也就是书的意思。

[2] 厕:闲杂。

例如：宋延年、卫益寿、邓万岁、周千秋、马牛羊、翠鸳鸯等，宋、卫、邓、周、马、翠都是姓；第二部是工具、器皿、植物、人体器官、疾病和药物的名称，例如：缣练素帛、尺寸斤两、梨柿奈桃（奈是苹果的品种之一）、鼻口唇舌、腹肝肺心等；第三部是官职名称和法律知识，例如：丞相、御史、郎中、常侍等。

这本书名为《急就篇》或《急就章》，而近代口语的"急就章"则用来代表匆忙完成的作品或事情，有点敷衍了事的意味，因此和原来的"急就"在意思上变得有点不同了。

## 神奇的记忆数字

从这两个古老例子开始，到接下来要讲的"三百千千"，大家会发现其中都是简短的句子，大多是三个、四个、五个或者七个字。直觉来说，短句子读起来铿锵有力，容易背诵。

心理学家有更精准的说法，美国普林斯顿大学的认知心理学家米勒（George A. Miller）在一九五〇年发表了一篇名为《神奇的数字七，加或减二》（*The Magical Number Seven, Plus or Minus Two*）的论文，米勒教授这篇论文是认知心理学的经典之作，被引用次数高达一万四千多次，其中一个重要的观察指出我们大脑短暂记忆的容量，大约是七个单位，例如：把一串数字念给一个人听，然后请他复诵这一串数字，如果数字的总

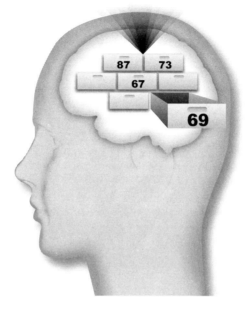

**87736769**

数不超过七个，他多半能正确地复诵；或者先生奉太太之命到超市购物，如果采买项目不超过七个，多半也能记得，不至于有所遗漏。当然，七不是一个精准的数目，所以米勒教授比较宽松地说是七加或减二。实验结果也证实，复诵一连串十个数字是很困难的一件事。

当我们谈到记忆的容量是七个单位时，可以想象大脑里有一组匣子，每个匣子里可以存放一个单位的讯息，但是以数字为例，一个单位并不限于一个数字，例如：八个数字的电话号码可以分成四个单位，87、73、67、69；一组美国电话号码可以分成+1、216、385、10、73五个单位来记忆；到超市购物，香蕉和橘子可以作为一个单位，牙膏和牙刷可以作为一个单位，的确是帮助增进记忆能力的方法。

## 读书百遍义自见

不过，"七"这个神奇的数字，是年轻成人短暂记忆的容量，老人和婴儿的容量则没有那么大；有一个实验结果显示，六个月大婴儿的容量只有一。这解释了编纂字书时，不但要用短句，而且上下文理的连贯、声调的抑扬、韵脚的使用，都会对记诵有很大帮助。古人对启蒙的孩子，特别着重背诵的部分，所谓"读书百遍，其义自见"，也就是"耳熟能详"的意思。我相信大家都有过这样的经验，小时候背下来的诗词文章，当时无法完全理解，随着年龄增长，却愈来愈明白其中的意义，当初的记忆成了后来受用不尽的资粮；就像聆听交响乐，起初似乎没有明显清晰的情境，但是听久、听熟了，就听出味道和感觉了。

背诵也是先经由培养记忆、重复的学习习惯，进而带引到模仿、想象和探索的能力，古人说："熟读唐诗三百首，不会作诗也会吟。"原意是熟读唐诗三百首，不会作诗也能体验、享受唐诗声调、文字、意境之美，有人把这句话改成"熟读唐诗三百首，不会作诗也会偷"，"偷"指的正是模仿的意思。

## 成书年代及作者

关于《三字经》的作者及写作年代，一般推论为南宋学者王应麟所撰[1]，约为公元一千二百年左右所编写，和公元前两百年李斯编写《仓颉篇》的时间相距大约一千四百年，和公元前四十年西汉汉元帝时史游编写《急就篇》的时间相距一千二百年。

《三字经》至今依然是广为流行的启蒙读物，不但有满、蒙文译本，英文、法文译本也已经问世，可以说是两千多年以来，代表中国启蒙教育的重要典籍。复旦大学历史学系钱文忠教授写的《钱文忠解读三字经》用很多生动的故事全面地解释、导读《三字经》，有兴趣的读者可以找来细读。

## 内藏玄机《千字文》

从好几个角度来看《千字文》和《三字经》内容有许多

---

[1] 《三字经》的作者为何人，大致有三种说法：

(1) 明代黄佐《广州人物传》，明末屈大均《广东新语》，清代恽敬《大云山房文稿》都认为作者应是宋末区适子。

(2) 清代邵晋涵诗："读得黎贞三字训"，自注：《三字经》，南海黎贞撰。"据此以为《三字经》为明代黎贞撰。或有区适子所撰，黎贞增广之说。

(3) 清代夏之翰《小学绀珠序》："追年十七，始知其《三字经》作者自先生，因取文熟复焉，而叹其要而该也，"清代贺兴思《三字经注解备要叙》："宋儒王伯厚先生《三字经》一出，海内外子弟之发蒙者，咸恭若球刀。"他们都认为《三字经》是南宋学者王应麟所撰。

相似的地方,但是它们编汇的原始动机却大不相同。

首先,一般估计的汉字总数从五万字到八万字以上,常用字约为五千个左右。现在通用的指标是:小学一、二年级的学生应该认得七百至八百字;三、四年级应该认得一千五百至一千八百字;五、六年级应该认得二千二百至二千七百字。

《三字经》有几个版本,字数是一千一百至一千二百字左右,《千字文》顾名思义就是整整一千字。《千字文》是怎样汇编出来的呢? 背后有一个有趣的故事。

周兴嗣是南朝宋、齐、梁、陈中萧梁朝的大臣,梁武帝常请他写文章,相传梁武帝从王羲之所书的碑文上拓下了一千个不同的字,然后把一千张没有秩序的纸片交给周兴嗣,说:"卿家才思敏捷,就用这一千字作一篇韵文吧!"周兴嗣花了一个晚上的工夫,就把这篇《千字文》写出来了,没有一个字重复,而且四字一句押韵,内容包罗万象,不但是一篇令人折服的文字创作,的确也很适合作为小孩子启蒙用的课本。

后来,有人写过不同版本的《千字文》,目前有本《中华字经》,共四千字没有重复,也写得很用心。现在简体字版《千字文》中,有些原是不同的正体字,却变成同一个简体字的情况。

我想起六七十多年前住在澳门时,那儿有和台湾大乐透相似的赌博方法,称为"白鸽票";赌客从《千字文》前面的八十个字中任选十个字,庄家用一只白鸽选出其中二十个字,按照赌客选中多少个字来派发彩金,当时压根儿没想到为什么会采用

《千字文》的部分内文，后来才明白是因为其中没有重复的字。

　　站在数学的观点来看，把一千个字排列起来，共有1000!（1000×999×998 ×997×……）这么多种排法；在数学里，最常用来计算n!近似值的公式就是斯特林公式（Stirling formula）。1000!的数值大约是$4 \times 10^{2567}$，即使有像今天这样的超级计算机，也无法在一个晚上把这许多不同的排列一一打印出来，更说不上评估选择的工作了。

　　作为一个科技人，我难免想倒过头来分析一下《千字文》里的字。

　　首先梁武帝给周兴嗣的字，虽然文献里都笼统地说是一千个，我猜想应该不止一千个字，为什么这样说呢？王羲之《兰亭集序》开头三句的十二个字："永和九年，岁在癸丑，暮春之初"，"癸、丑、暮、春"四个字没有在《千字文》中出现。

　　王羲之《快雪时晴帖》：

　　羲之顿首。快雪时晴，佳！想安善，未果为结[1]，力不次[2]。王羲之顿首。山阴张侯。（羲之顿首，重复了一次。）

　　意思是：羲之拜上，快雪过后，天气放晴，妙极了，想必安

---

[1]　未果为结：还没有结果，心里有结。

[2]　力不次：不多说了。

好,事情没有结果也不想多说了,致山阴张侯。共有二十四个不同的字,却只有十七个字在《千字文》出现。譬如《千字文》中有"云腾致雨,露结为霜",却没有把"雪"字用上。

我又好奇地找出李白《静夜思》来比对:

床前明月光,疑是地上霜。
举头望明月,低头思故乡。

一共十八个不同的字,《千字文》中出现了十二个。

从《千字文》里,我又做了另一个统计:

三才:天、地、人;

三光:日、月、星;

五行:金、木、水、火、土;

位置:上、下、左、右、中;

颜色:玄、黄、白、紫、青、蓝、赤、丹、绛;

天干:甲、丙、丁;

数字:一、二、四、五、八、九、百、千、万,少了三、六、七、十;

方向:东、南、西,缺了北;

器官:耳、目、口、手、足、面、背;

季节:夏、秋、冬,没有春;

人伦:君、臣、父、母、夫、妇、妾、子、儿、兄、弟、姑、伯、叔、友;

动物：龙、鸟、鱼、羊、象、驴、骡、驹、鹍、犊、特；
植物：李、柰、芥、姜、兰、松、竹、荷、枇杷、梧桐；
珠宝：玉、珠、银。

## 语言文字的游戏

在英文或其他以字母表（alphabet）为基础的文字里，类似《千字文》这样的语文游戏就比较简单了。

pangram是字母表里的每个字母（letter）至少出现一次的句子，pangram这个字词来自希腊文pan gramma，是每一个字的意思。英文里，如果硬性规定每个字母只出现一次，也的确可以找到几个使用非常冷僻的字词（word）的句子，但是容许某些字母重复使用，就有比较容易看懂的句子。例如英文：

Pack my box with five dozen liquor jugs.（三十二个字母）
在我的箱子里装了五打酒壶。
The quick brown fox jumps over a lazy dog.（三十三个字母）
敏捷的棕色狐狸跳过了一只懒惰的狗。

例如法文：

Portez ce vieux whisky au juge blond qui fume.

把这陈年威士忌拿给那个金发爱抽烟的法官。

例如德文:

Falsches Üben von Xylophonmusik quält jeden größeren Zwerg.

错误地练习木琴音乐,烦死了每一个大侏儒。

另一个有趣的例子是,日文有一首古老的诗《伊吕波歌》(いろはうな),相传是十世纪时所作的诗歌,但作者不详,其中用了传统的四十七个假名(かな,kana),没有重复(现在流行的版本亦有在最后加了一个假名ん,共四十八个)。当然从假名的观点来看,《伊吕波歌》就是pangram。

いろはにほへと　　　ちりぬるを(色はにほへど
散りぬるを)
わかよたれそ　　　つねならむ(我が世たれぞ
常ならむ)
うゐのおくやま　　　けふこえて(有爲の奥山　今日越
えて)
あさきゆめみし　　　ゑひもせす(浅き夢見じ　酔ひも
せず)

中文意译为：

群芳绽放总凋零，谁可世间享永年？
攀越有为原一瞬，醉生梦死是从前。

另一个文字游戏是isogram，是没有重复字母的字词或者句子。例如英文单词uncopyrightable（十五个字母）、troublemaking（十三个字母）、unforgivable（十二个字母），都是isogram。《千字文》是isogram，日文《伊吕波歌》是pangram，也是isogram。

还有一个有趣的文字游戏anagram，是把一个字词或者句子的字重新排列，成为另一个字词或者句子，中文叫做"重组字"。例如：dormitory可以重组为dirty room，school master可以重组为the class room，astronomer可以重组为moon starer，a gentleman可以重组为elegant man，eleven+two=twelve+one则不但是重组字，也是数学里正确的计算结果。

中文里重组字的例子也很常见："牙医告诉我们，不要吃太多糖果"可以重组为"我们吃太多糖果，不要告诉牙医"；中国国民党元老于右任先生是书法大家，他在监察院写了一幅字"不可随处小便"，挂在墙上，有人觉得堂堂监察院挂上这幅字有点不合适，但是他这几个字实在写得太好了,所以就把这个句子重组为"小处不可随便",真是神来之笔。

英文自左到右、从右到左读起来都是正确的句子,叫做palindrome,例如:Able was I ere I saw Elba.(在看到Elba这个小岛以前我是很能干的。)是一个逐个字母(letter)从左到右、从右到左读起来都是正确的句子。Fall leaves as soon as leaves fall.(秋季随着落叶离去。)是一个逐个字词(word)从左到右、从右到左读起来都是正确的句子。而中文可以从上到下、从下到上来读的则叫做回文,例如:人人为我,我为人人。

苏轼有首《题金山寺》(回文本),全诗顺读、倒念都非常优美,堪称一绝:

潮随暗浪雪山倾,远浦渔舟钓月明。
桥对寺门松径小,槛当泉眼石波清。
迢迢绿树江天晓,霭霭红霞晚日晴。
遥望四边云接水,碧峰千点数鸥轻。

轻鸥数点千峰碧,水接云边四望遥。
晴日晚霞红霭霭,晓天江树绿迢迢。
清波石眼泉当槛,小径松门寺对桥。
明月钓舟渔浦远,倾山雪浪暗随潮。

中文的永字八法

不过回到中文的领域来谈,还有一个有趣的例子。

中文的字虽然很多,但是书法的基本笔法只有那么几个,就是所谓"永字八法",包括"点、横、竖、钩、挑、撇、短撇和捺"八个笔法,能够把永字写得好,对书法就会有相当程度的掌握了。

据说王羲之曾用了几年时间专门练习写"永"字,后来成为中国历史上最有名的书法家。巧合的是,他最有名的《兰亭集序》里,第一句"永和九年"的第一个字正是"永"字,所以有"天下第一字"之称。

我记得读中学时参加书法比赛,规定写十六个字——精忠团结、永和发达、龙飞凤舞、水深火热。练过书法的人一定看得出来,从这十六个字的确可以看出一个人书法的功力。也有两句顺口溜:"能写飞凤家,书法也不差"、"圣人难写飞凤鼎",除了上面十六个字之外,"家"和"鼎"也不容易写得好。永字包罗了书法里最重要的笔画,可说是中国书法pangram的例子。

看完《千字文》以及相关的语言文字游戏,让我们开始逐字逐句来读《三字经》吧!

人之初,性本善。
性相近,习相远。

　　《三字经》一开始就说"人之初,性本善",有人会问是
不是《三字经》开宗明义即斩钉截铁地采纳了"人性本善"
的说法呢? 人的本性是善还是恶,可以从很多不同的观点来
看,包括哲学、心理学、生物学和社会学等,不同的观点可能
带来不同的结论,但是如果我们比较狭义地从教育的观点来
看,那么"人之初,性本善"这个说法是有它的道理的。

　　启蒙时期的小朋友像一张纯净的白纸、一块无瑕的白
璧,都有无限的发展空间和潜力,他们充满了好奇心和想象
力,愿意去探索、询问,会自然地模仿和记忆,这些都是天生
的特质,从教育的观点来看,就是"人之初,性本善"。

　　"性相近"就是说这些与生俱来的善良本性,本来没有什
么差别;"习相远"就是说因后天不同的学习影响,他们的学
问、能力、性格才会愈来愈不一样。的确,站在教育的观点来

说,天才儿童和天生智障都是少之又少的,多数人没有真的输在先天的起跑点上,只是后天的影响让他们的人生之路变得大不相同。

有句成语"小时了了[1],大未必佳",指小时候聪明伶俐,长大了却不一定优秀杰出,正是"习相远"的意思。

这句成语的出处是个有趣的故事:孔融是东汉末年人,是孔子第二十世孙,他家学渊源,而且天资聪颖,勤奋好学。十岁时随父亲到洛阳,有一天,在一群大官的聚会中,他机智的谈吐得到大家的赞赏,可是一位较晚到达的官员听到其他人对孔融的赞誉,不以为然地说:"小时了了,大未必佳。"孔融立刻以子之矛攻子之盾地回答:"想君小时,必当了了。"(我想您小时候一定很聪明吧!)

---

[1] 了了:聪明伶俐。

第二堂

# 苟不教,性乃迁。
# 教之道,贵以专。

"苟[1]不教[2],性乃迁",假如小孩不加以教育,原来善良的本性就改变了,这两句可说是强调前面"习相远"那一句。特别是在目前升学挂帅的教育环境里,考试变成了目的,教育只不过是过程,因此求知的欲望被压抑了,求解的习惯没有养成,创新的能力得不到培养,学术上存疑的性格更是变成最大的禁忌,甚至被视为离经叛道,更凸显了教育对本性的影响。

"但求达到目的,不择手段"这句话的负面意义,通常是用来描述以权力为唯一目的的政客,不在乎使用任何卑鄙、肮脏的手段;以金钱为唯一目的的商人,不在乎操持任何违

---

[1] 苟:假如。

[2] 不教:没有教,没有好好教,甚至用错误的方法加上不正确的目的去教。

背法令和道德的手段；以征服为唯一目的的军人，不在乎要弄任何残暴凶狠的手段；但是我们不愿意看见以考试为唯一目的的教育制度，同样不在乎任何过分的压力，运用恶性补习，甚至作弊、抄小路、走后门的手段。

"教之道，贵以专"，"专"有几个层次的解释，在态度上，"专"是专心一致，心无旁骛。在此打个岔，心无旁骛的"骛"字是一种野鸭，如王勃《滕王阁序》里，"落霞与孤鹜齐飞"的"鹜"，可说源自《孟子·告子》的"一心以为有鸿鹄将至"这句话，许多人把"骛"字误为"务"字，更将"旁骛"误为"旁务"解释为旁边的事务，这是大错特错的。在意义上，"专"是专精深入而不是广泛浮夸，不是样样会，却样样都不精；在时间上，"专"是专注一贯，持久不移，有始有终，而不是蜻蜓点水，见异思迁。

昔孟母,择邻处,子不学,断机杼。
窦燕山,有义方,教五子,名俱扬。

《三字经》里举出两个父母亲关心、教育子女的例子,第一个故事中的主角正是孟子的母亲。

孟母三迁

孟子出生在山东邹城,三岁时父亲就去世了,由母亲抚养长大,他家原本住在墓地旁边,看到别人出殡办丧事,孟子就模仿送葬的人啼哭嚎啕的样子和下葬的动作仪式,孟母说:"这不是孩子该住的地方。"于是带着孟子搬到城里,正好搬到杀猪、卖猪肉的店家旁边,因此孟子常常和邻居的小孩一起模仿杀猪和做买卖的事情,孟母又说:"这不是孩子该住的地方。"于是再度搬家到学宫旁边,每月初一、十五,官员进入文庙,行礼跪拜,揖让进退,孟子也一一记住了,孟母说:

"这才是孩子该住的地方。"就此安居下来了,这就是"孟母三迁"的故事。

现今社会中,现代版的"孟母三迁"比比皆是,买房子要买在好的学区,例如:美国硅谷Palo Alto和Cupertino就是许多关心儿女教育的华人首选地区;在中国台湾,不但有人把儿女的户籍迁移到位在比较好学区的亲戚朋友家里,甚至听说只要付出一点代价,即使非亲非故,户主也可以安排让学生的户籍搬过去。

头脑过分清醒的数学家说:按照历史记载,孟母总共搬了两次家。孟母三迁是在文字上以"三"代表"多",这句话要表达的是父母为了子女的教育环境,往往不在乎花费和麻烦,一搬再搬。

孟母教子还有另一个故事:孟子有一天逃学回家,孟母正在织布,看见儿子逃课回家,一句话也没说,就把机杼弄断,机杼是织布机上用来穿线的梭子,将梭子弄断,正在织的一匹布也就全毁了,孟母告诫孟子说:"求学就像织布,一根线一根线、一点一滴地累积,必须持之以恒,半途而废就前功尽弃了。"

《尚书》说:"为山九仞,功亏一篑。"一仞是八尺,意思是搬一筐一筐的土来堆一座七十二尺的山,如果少了最后的一筐,仍然是没有成功的。

五子登科

第二个父母教育子女成功的例子是窦禹钧。五代末年有位名叫窦禹钧的人，因为祖居在燕山附近，所以人们也称他为窦燕山。

窦燕山有五个儿子，每一个都有好好地接受教育，后来三个中了进士，两个中了举人，就是成语"五子登科"的出处。

现代也能看到许多令人钦羡的"五子登科"版本。嘉义东石乡一位老盐工谢西商，他有六个子女，四个是博士，两个是硕士，再加上一个媳妇、两个孙女、两个孙女婿都拥有博士学位，被称为"九博士之家"。

台积电董事长张忠谋先生最近荣获台湾大学颁授名誉博士，这是他拿到的第八个博士学位，在典礼上他讲了一个小故事：年轻时他的父亲看到朋友家的春联写"五子四博士"，非常不服气，也想写"一子一博士"，却被母亲吐槽说："好像弱了一点。"他接着说："如果父亲仍在世，现在就能写'一子八博士'，母亲也不会再说'弱了一点'了。"

第四堂

# 养不教,父之过;
# 教不严,师之惰。

　　那么,教是谁的责任呢?《三字经》里说:"养不教,父之过。"父母亲对儿女有养和育的责任,养就是帮助他们生理上的成长,育就是帮助他们心智上的成长;如果只供给营养可口的食物、温暖漂亮的衣服,而不好好地教育他们,那是父母亲的过失。

　　父母亲对儿女的教育有两个层次:一个是家庭教育,包括言教和身教;一个是为他们安排家庭以外,即在学校里、社会上教育的机会。

　　英国的一个公共政策研究中心针对一九七五年到一九八五年的英国青少年成长过程的研究报告指出:全家人一起吃晚饭这样简单的事,是家庭教育最好的机会,晚餐桌上是欢聚感恩的时刻、学习礼貌和社交礼仪的时刻、交换讯息的时刻、彼此关怀和相互学习的时刻。但是现今社会里,不少父母亲因为工作的缘故，经常得在公司加班、在外面应酬，而小朋友放学后上补习班，往往晚上八九点才回到家，在家里一个人吃便当，坐在电视机前看节目影片，坐在计算机前玩电动游戏。这样的生活模式的确会错失了亲子教育的机会。

更何况父母不良的行为，往往会成为负面教育。曾看过一则笑话：老师给家长写了一张纸条告知他的儿子在学校里偷了同学的一支铅笔；爸爸看完狠狠打了儿子一耳光，说："我从公司给你带回来那么多铅笔，为什么还要偷同学的铅笔呢？"

父母亲对儿女教育的第二个层次，就是为他们提供在家庭以外的教育机会。我们看到许多父母即使自己缩衣节食，也要送儿女进双语幼儿园、名师如云的补习班、包罗万象的才艺班，甚至暑期出国游学、毕业后出国留学，孩子们的背后都能看到用心良苦的父母身影。然而补习班上课第一天，父母亲清晨六点去排队帮儿女占课堂上的位置，是不是关爱太过头了？看到医院招募志工，父母亲熬夜帮儿女排队争取当志工的机会，以提升推甄升学的机会，更是错误的教育行为表现。

师生之间

"教不严，师之惰"，是说老师要严格、不可以偷懒。严是

"严格"，老师对学生要有严格的要求，严格是高度的期许和精准细密的训练。严是"严肃"，读书必须有严肃的态度，读书不一定要正襟危坐，但必须心虔意诚。严是"尊严"，老师有无上的尊严，相传孔子过世，弟子子夏说："一日为师，终身为父。"他留在孔子的墓旁守孝三年才离开，这就是对老师的尊敬。同时，老师受了父母的委托，教导学生也必须尽心尽力，严谨地把关，不可马虎怠慢。

有一副对联写道："不敬师长，天诛地灭；误人子弟，男盗女娼。"这说得有点太重了。比较温和的说法可不正是"一日为师，终身为父"、"教不严，师之惰"这两句话吗？

第五堂

# 子不学,非所宜;
# 幼不学,老何为?

　　小孩子不好好读书,是不对的;年轻时不好好读书,老了还能做什么呢?这两句话说的是不可以不好好读书,无形之中也灌输了逻辑观念,负负得正,就是要好好读书。不过这句话尚没有正面具体地告诉孩子要好好读书的理由,宋真宗的《劝学诗》:"富家不用买良田,书中自有千钟粟。安居不用架高楼,书中自有黄金屋。娶妻莫恨无良媒,书中自有颜如玉。出门莫恨无人随,书中车马多如簇。男身欲遂平生志,五经勤向窗前读。"虽然这首诗写在封建时代的背景下,功利地以荣华富贵、功名利禄作为读书的目的,但是站在逻辑的观点,倒是具体陈述了读书的诱因。

　　还有一首朱熹的《劝学诗》:"少年易老学难成,一寸光阴不可轻。未觉池塘春草梦,阶前梧叶已秋声。"第一句的意思是年华容易老去,读书获得成就却很困难,也可以说是具体陈述了要趁年少多读书的理由。年轻人使用计算机、手机，传简讯、玩电动游戏，挥洒自如；而老人家学起来往往困难重重，并不是他们不懂基本的原理，只是没有从小训练，因此无法像年轻人一样得心应手罢了。

近代科学家对人体大脑的发育有相当深入和广泛的研究和了解：婴儿出生时，脑部并没有发育完全，而大脑的发育包括神经细胞的增加和位置的移动，以及神经细胞之间连接的形成；一般认为大脑发育最快的年龄是四岁到十四岁，因此这段年龄也是学习最好的时间。正如汉乐府《长歌行》："少壮不努力，老大徒伤悲。"学习是个复杂的过程，除了大脑的发育之外，生理上的发育以及学习的环境、内容都会影响到学习的效率和结果。例如：第二种语言的教育应该在何时开始是心理学家、语言学家和教育学家都还在探讨的问题，这不但和小孩学习一种新的语言能力有关，也和会不会影响他对母语的学习有关，"愈早、愈多、愈好"就难免是过分简化，甚至是矫枉过正的说法了。

玉不琢，不成器；人不学，不知义。
为人子，方少时，亲师友，习礼仪。

　　《诗经·卫风·淇[1]奥[2]》是颂扬卫武公的道德文采、品格修养的一首诗。卫是西周诸侯国之一，周武王灭商之后，三分朝歌地区，后来先后并成卫国，公元前二〇九年，卫国终于被秦国灭亡。《卫风》是当时那个地区流传的诗歌。这首诗用淇水旁边的绿竹来比喻卫武公，其中有几句：

　　有匪[3]君子，如切如磋，如琢如磨。

　　骨头、象牙、石头、玉制成的精美用具或者饰物都要经过

----

[1] 淇：淇水。

[2] 奥：河流弯曲之处。

[3] 匪：斐然，指文采华美，引申为卓著、引人注目。

小心的切割、雕刻和打磨的过程。古人用字比较精准，骨头和石头是较粗贱的东西，所以骨头要切，石头要磨；象牙和玉是较贵重的东西，所以象牙要磋（磨冶），玉要琢（雕刻）。

"如切如磋，如琢如磨"就是说一个人的道德和学问要经历过不断地学习和锻炼，才能到达完美的境界。

## 幼儿教育的目的

小孩子长大到幼儿的年纪，就得要进入私塾或者幼儿园，和其他小朋友一起学习和游戏。对许多小朋友（尤其是在少子化的现况）来说，这很可能是他们第一次离开父母亲或者保姆的照顾，开始和陌生但年龄相仿的小朋友在一起，因此学习礼貌和待人之道、一起相处、一起游戏，就是幼儿教育的目的。

不过我学医的女儿（她有两个女儿）却认为幼儿教育还可以加上另一个目的：让他们彼此交换病菌，借此提升小孩子的免疫能力。

第七堂

香九龄，能温席。孝于亲，所当执。
融四岁，能让梨。弟于长，宜先知。

我们先从孝悌讲起，《三字经》里用黄香的例子来阐述"孝"字，用孔融的例子来阐述"悌"字。

九岁黄香孝侍父

黄香是东汉时代人，年仅九岁，母亲就过世了，和父亲相依为命，小小年纪就懂得孝顺和照顾他的父亲。夏天时，先用扇子将父亲睡的席子和枕头扇凉；冬天时，自己先躺在父亲的睡床上温暖了被褥，再请父亲上床就寝，这就是黄香扇枕温衾的故事。黄香学问好，能力强，为人公正无私，在汉章帝和汉和帝两朝中，历任尚书郎、尚书左丞、尚书令等高官要职。

元代郭居敬编了一本《二十四孝》，搜集了二十四个孝子的故事，黄香扇枕温衾是其中之一；其他大家耳熟能详的故事,还有虞舜孝感动天、老莱子戏彩娱亲、汉文帝亲尝汤药、董永卖身葬父、王祥卧冰求鲤、闵子骞单衣顺母、孟宗哭竹生笋等。

## 四岁孔融友兄弟

接下来,"弟于长,宜先知"指对于兄长的恭敬友爱行为是应该早早知道的。

我们在前面讲过,孔子的第二十世孙孔融从小就显露出过人的聪明才智,他祖父六十岁生日那天,贺众盈门,有人送了一盘梨作为贺礼,他的母亲叫他分给哥哥、弟弟吃,孔融就依长幼次序把大颗的分给年长的,小颗的分给年幼的,但他自己拿的是最小的一个,他的父亲问:"为什么别人得到的梨大,你得到的小呢?"孔融说:"树有高低,人有高矮,尊老敬长,人之道也。"这就是孔融让梨的故事。

我打个岔,二〇一二年四月有一则报道:小学的一年级课本里有孔融让梨的故事,考试时,老师出了一道考题:"如果你是孔融,会怎么做?"其中一个学生回答:"我不会让梨。"竟然被老师打了一个大叉叉,引起一阵哗然。

有人开玩笑说,孔融运气好,一盘梨有大有小,分起来容易,如果梨的大小都差不多,或者梨的数目不够,他会怎么办呢?

吃梨不分离

再说三个关于梨的传说故事。有位朝廷大官张恭义一家九代同住在一起，和乐融融，有一天，皇帝赐给他一颗梨，虽然大家都想分享皇帝御赐的梨，但他决定大家都不吃，拿来供奉祖先，荣宗耀祖。

另一个故事是皇帝赐给大官一颗梨和一只鸽子，他把梨子吃了，把鸽子带回家和家人分享，皇帝问为什么独享一颗梨，他说："我们全家永不分梨（离）。"

第三个故事是皇帝赐给大官一颗梨，他找来一大缸清水，把梨子打碎丢在水里，让家族每个成员喝一口缸里的水，如此一来，全家人都能一起尝尝梨的滋味。

客观与主观的公平

在博弈理论里，确实有一个重要而且有趣的题目："怎样平分一块蛋糕？"

乍看之下，平分一块蛋糕或者一盘水果，似乎是日常生活里的小问题，其实这也代表了一个重要的资源分配问题，包括政府各部会经费的分配、企业各部门人力的分配和个人生活工作中时间的分配等。"平分"这个观念有两个不同的面向："客观的公平"和"主观的公平"。

在平分蛋糕的例子里，客观的公平包括按照重量来平分或者按照面积来平分，换句话说，如果有一个客观衡量的准则，"客观的公平"定义是明确的：以 n 个人每人得到整块蛋糕重量的 $\frac{1}{n}$ 或者每个人得到整块蛋糕面积的 $\frac{1}{n}$ 为准。但是"主观的公平"就有好几个不同的定义，第一、满足的公平（也叫做比例的公平），那就是每个人主观地认为他得到他该得的 $\frac{1}{n}$；第二、没有妒忌的公平，那就是每个人主观地认为不但他自己得到他该得的 $\frac{1}{n}$，其他任何人都没有得到多于他该得到的 $\frac{1}{n}$；第三、程序的公平，不管分配的结果如何，每个人都认为分配的过程是公平的。

至于怎么达到这些不同的目的呢？背后有相当多的数学理论。让我来讲解一个简单的例子：

哥哥和弟弟放学回家，妈妈刚刚烤好了一个蛋糕，妈妈吩咐哥哥把蛋糕切成两块，切好之后，让弟弟先选择要哪一块，这样一来，哥哥和弟弟都会满意。其实这个把蛋糕分配给哥哥和弟弟的方法，同时达到了"满足的公平"和"没有妒忌的公平"的条件。但是让我们接下去看：

哥哥、弟弟和妹妹放学回家，妈妈刚刚烤好了一个蛋糕，妈妈吩咐哥哥把蛋糕切成三块（因为是哥哥平分的，所以不管拿到哪一块，他都会满足），哥哥切好之后，让弟弟先选择，如果弟弟认为（主观地）三块蛋糕之中，有两块是大于等于三分之一的话，他说："让妹妹先选吧！"妹妹可以随心所欲地选，她选完了，弟弟就选另外他认为是大于等于三分之一那一块。

如果弟弟认为（主观地）三块蛋糕之中，有两块是小于三分之一的话，他说："让妹妹先选吧！"（弟弟不能先选他心目中唯一大于三分之一那一块，因为这可能会引起妹妹的不满），如果妹妹认为（主观地）三块蛋糕之中，有两块是大于等于三分之一的话，她说："让弟弟先选吧！"弟弟可以随心所欲地选，他选完了，妹妹就选另外她认为大于等于三分之一那一块。

因此只剩一种情形，弟弟认为（主观地）三块蛋糕之中，有两块是小于三分之一的，妹妹也认为（主观地）三块蛋糕之中，有两块是小于三分之一的，也就是说在三块蛋糕中有一块是弟弟和妹妹都认为（主观地）小于三分之一的，把这块给哥哥（反正哥哥一定会满足）；剩下来的两块，弟弟和妹妹都认为（主观地）加起来大于等于三分之二（小于三分之一那一块已经给哥哥了），那么就把这两块合并起来，让弟弟切，妹妹来选吧！这一个过程达到了"满足的公平"的条件，可是没有达到"没有妒忌的公平"的条件。怎么样分才能达到"没有妒忌的公平"的条件呢？我们就留给现代的孔融们了。

至于把一块蛋糕平分给四个或者更多兄弟姊妹的问题，就更加复杂了。

兄弟的瑜亮情结

　　讲到兄弟之间的关系,我们自然会想到曹丕和曹植之间的故事。按照《三国演义》记载,曹操夫人刘氏生了一个儿子曹昂,不幸早殁;卞氏夫人生了四个儿子,曹操认为大儿子曹丕笃厚恭谨,二儿子曹彰勇而无谋,三儿子曹植最得他宠爱,但虚华少诚实,嗜酒放纵,四儿子曹熊体弱多病,所以曹操病危时决定传位给曹丕。

　　曹丕登位之后,因为曹熊在父亲病逝时没有回来奔丧,派人去问罪,曹熊畏罪自缢身亡。接着,曹丕又借故把曹植捉起来,想将他除掉,在母亲卞氏夫人求情之下,曹丕就对曹植说:“你常常在别人面前炫耀文采,我总怀疑你是找别人代笔的,现在限你在七步之内作一首诗,完成了则免一死,否则治以重罪。”当时,宫殿上挂着一幅水墨画,画的是两只牛在墙边相斗,其中一只坠井而亡。曹丕说就以这张画为题,但是不许用“二牛斗墙下,一牛坠井死”中的任何一个字,曹植走了七步,就把诗写好了,这首诗是:“两肉齐道行,头上带凹骨。相遇块山下,欻起相搪突。二敌不俱刚,一肉卧土窟。非是力不如,盛气不泄毕。”正当大家惊讶之余,曹丕又说:“七步成诗,我认为还是太慢,你能不能应声随口作一首诗呢?”曹植问:“什么题目呢?”曹丕说:“我和你是兄弟,就以‘兄弟’为题,但是不许用兄弟两个字。”曹植不假思索地念出："煮豆燃豆萁，豆在釜中泣。本是同根生，相煎何太急？"
曹丕被感动得落泪，最后将曹植贬官，然后将他放走了。

近代心理学家对兄弟姊妹之间嫉妒、竞争的现象"Sibling
Rivalry"有相当广泛的研究。一岁婴儿开始能够分辨父母亲
对待他们有所不同的地方，三岁就能逐渐了解和适应家庭生
活的习惯和规律，也会衡量他和兄弟姊妹之间的关系，争夺食
物和玩具、拒绝分享、企图吸引父母亲的注意力、肢体的冲突
等，都是常发生的事情，尤其是在两个小孩年龄接近，性别相
同，其中一个显著地比较聪明可爱的情形下，益形明显。

为人父母不要偏心，不要当面比较他们的优缺点，让小孩
独立、自然地成长，不要勉强他们循着相同或固定模式发展，鼓
励他们合作，注意他们的身体状况，例如饥饿、疲乏都会影响；
同样地，父母亲的互动，甚至在孩子面前争吵也都会有影响。

兄弟姊妹之间嫉妒和竞争，从婴儿时期开始或者会逐渐
消失，但也会延长到青少年和成年，大多是明显的传统指标
的比较，在青少年时期，例如考试的成绩、体格和容貌、往来
的朋友等；成年之后，例如事业上的成就、财富的累积、婚姻
和家庭的状况等，都会因为兄弟姊妹之间从小比较亲密的关
系，而引起比较多嫉妒和竞争。

我们也从新闻中看到很多富二代兄弟姊妹之间，为了争
夺父母亲的遗产，不惜恶言相向，甚至发生对簿公庭的情况，
因此父母亲对孩子之间的教育不可不慎。

第八堂

首孝弟,次见闻,知某数,识某文。
一而十,十而百,百而千,千而万。

那么小朋友们应该学些什么呢?《三字经》里说:"首孝弟,次见闻,知某数,识某文。"从字面来说,孝就是孝顺父母,"弟"通"悌",就是亲爱兄弟,见闻就是看到和听到事和物,数是数字,文是文字。

其实,这四句说的就是小朋友学习内容的四大领域,和现代教育理念相符合。"孝悌"代表人和人之间的关系,推而广之就是伦理道德;"见闻"代表人所处世界的一切,推而广之就是宇宙、天文、历史、地理、经济、社会;"数"代表科学,包括数学、物理、化学、生物和计算机科学;"文"代表语言文字表达、领悟和欣赏的能力,包括本国和外国语文。道德教育、通识教育、科学教育及人文教育,正是现代教育从小学到大学的课程的四大支柱。

按照《三字经》的说法,和现代教育理念相符合的这四个领域是有先后重要次序的,首先是孝悌,其次是见闻,然后是数和文；不过，后二者倒是不分先后的，把"文"放在后面也许是为了押韵的缘故而已。

数字累进学问多

小孩开始学算术时，从一、二、三、四、五、六、七、八、九、十开始，从一到十，十十为百，十百为千，十千为万，那么十、百、千、万之后是什么呢？是亿、兆、京，可以再上去……但是亿、兆、京却有几个不同的定义：

说法一：

$10^5 = 100,000$（十万为亿）

$10^6 = 1,000,000$（十亿为兆）

$10^7 = 10,000,000$（十兆为京）

说法二：（现今常用）

$10^8 = 100,000,000$（万万为亿）

$10^{12} = 1,000,000,000,000$（万亿为兆）

$10^{16} = 10,000,000,000,000,000$（万兆为京）

说法三：

$10^8 = 100,000,000$（万万为亿）

$10^{16} = 10,000,000,000,000,000$（亿亿为兆）

$10^{32} = 100,000,000,000,000,000,000,000,000,000,000$（兆兆为京）

至于英文的说法呢? ten、hundred、thousand之后是million、billion、trillion，也有不同的定义，现在常用的是million是$10^6$，billion是$10^9$，trillion是$10^{12}$，googol是$10^{100}$。

让我来讲个不能尽信的小故事：在全球信息工业占非常重要地位的公司——Google，按照二〇一二年的数据，年收入达五百亿美元，雇员逾四万人。公司是一九九六年由美国斯坦福大学的两个研究生佩吉（Larry Page）和布林（Sergey Brin）以搜索引擎（search engine）为基础而成立的。

当时他们选用了Googol作为公司名字，可是一位投资人在投资支票上，却把公司名字误写成Google（据说投资总额是二万五千美元），他们心想如果去找他重新开立一张支票，万一他改变了投资的主意，那不就麻烦了，不如干脆将错就错，把公司名字改为Google。

## 生生不息的数字

一而十，十而百，百而千，千而万，是十进制，在人类不同文明的发展中，用十进制来数数是最普遍的，因为我们有十只手指，很自然的可以用来数数；但是在计算机科学里，都用二进制，就是一而二、二而四、四而八、八而十六，因为在计算机技术里，只用0和1来代表数字是最方便的做法。

"太极"是中国思想史和哲学史上重要的观念，"太极生两仪、两仪生四象、四象生八卦",这句话有很多深入奥妙的解释,但是从数字的观点来说,不正是二进制的一而二、二而四、四而八、八而十六吗?

另外,数字学好了,也可以应用在文字上,例如"一五一十"、"三心二意"、"乱七八糟"、"百无一失"、"千方百计"、"千头万绪"、"千变万化"等成语。

李白的《早发白帝城》:"朝辞白帝彩云间,千里江陵一日还。两岸猿声啼不住,轻舟已过万重山。"四句诗就用了"一"、"两"、"千"、"万"四个数字。

柳宗元的《江雪》:"千山鸟飞绝,万径人踪灭。孤舟蓑笠翁,独钓寒江雪。"一共用了"千"、"万"、"孤"、"独"四个与数量有关的字。

至于邵雍的"一去二三里,烟村四五家。亭台六七座,八九十枝花",就不免是文字运用的挑战了。

三才者,天地人。三光者,日月星。
三纲者,君臣义,父子亲,夫妇顺。

　　《三字经》讲数字,跳过了"一"和"二",从"三"开始讲。

　　"三才"是指组成这个世界最基本、也是最重要的三个元素:天、地和人。天——就是自然环境,地——就是地理环境,人——就是在其中的人,世界上任何活动都由这三个元素主宰,因此天时、地利、人和三者的配合是做任何事情成功的必要条件;但是《孟子·公孙丑》里有"天时不如地利,地利不如人和"的说法,也就是"人定胜天"的意思。

　　远古时候的人认为自然的光来自太阳、月亮和星星,但是按照历史的记载,公元前五百年希腊哲学家安那萨哥拉斯(Anaxagoras)已经发现月光是来自太阳光的反射。《可兰经》七十一章十六节:"真主使月发光,使太阳像灯一样。"可以解释为太阳像灯,是光的源头,而月亮发光,是把太阳的光反射出来。张潮《幽梦影》:"镜与水之影,所受者也;日与灯之影,所施者也;月之有影,则在天者为受,而在地者为施也。"镜子和水中的影子是从外接受过来的,太阳和灯的光是由本身施放出来的,月亮的光从天上接受过来,然后施放到地上去的。

对一个一辈子从事教育工作的人来说,我觉得老师扮演的也正是月亮的角色,把太阳的光(古往今来的知识、思想、文学、艺术的累积)反射到镜和水(我们的学生)那里去。

有个上联"三光日月星",征求下联,这个下联挑战的难度是上联用了"三"字,下联就不能再用"三"字,但日、月、星是三个东西,那么下联要有几个东西呢?答案之一是"四诗风雅颂",对得很工整。


上天文,下地理

在《千字文》里,也有讲到天文和地理:

天地玄黄:这句话出自《易经》,原来是"天玄地黄",天是深黑色的,地是黄色的,所以一开始就把天和地分开来,正如《圣经·创世纪》第一句所说 In the beginning, God created the heaven and the earth.(起初上帝创造天和地。)

宇宙洪荒:《淮南子》说:"上下四方曰宇,古往今来曰宙。"这正是今天宇宙学(cosmology)里,时间和空间(time

and space）的观念。洪荒是指地球还没有开发，混沌、荒凉的情形。

日月盈昃：盈是满，指月亮圆和缺。昃是太阳偏西，指太阳东升和西落。

辰宿列张：辰是指星辰，可以说是星体的总称；宿是指星座，也就是一群组的星体。辰宿列张即指天上布满星辰，古人看到满天的星，就把它们分割成区域，以便辨识。中国天文学家的分割方法是三垣（太微垣、紫微垣、天市垣）和二十八宿（东青龙、西白虎、北玄武、南朱雀）；西方天文学家的分割方法是分成八个家族，每个家族有若干个星座不等，其中大家最熟悉的就是黄道带（Zodiac）家族里的十二星座，

Zodiac这个词来自希腊文,是动物园的意思,因为古希腊人把星座里的星看成动物的形状,十二星座就是白羊座、金牛座、双子座、巨蟹座、狮子座、处女座、天秤座、天蝎座、人马座(射手座)、山羊座(摩羯座)、水瓶座、双鱼座。Zodiac称为"黄道",就是地球绕着太阳运行的平面,在一年十二个月中,我们抬头就直接看到Zodiac的不同星座。

## 人伦关系规范

讲过三才和三光,《三字经》还提出另一个三这个数字的例子:三纲。

"纲"字的本意是把一个网提起来的一条粗绳,引申为主要原则和规范。君臣之间要讲信义,守信义才有忠;父子之间要亲近,能亲近才有孝;夫妻之间要平顺,保持平顺才能互敬互信。

文天祥在《正气歌》里说:"三纲实系命,道义为之根。"意思是三纲靠着正气维系不坠,道义是正气的根源。

曰春夏,曰秋冬,
此四时,运不穷。

讲完了"三",接下来讲"四"这个数字。

春、夏、秋、冬四时是天文,四时运转是循环的,为什么四时运转是重复不断的呢?因为地球循着一个轨道绕着

太阳不停旋转，这是十五世纪天文学家哥白尼（Nicolaus Copernicus）首先发现的。

为什么四季有寒暑的分别呢？曾有种说法是地球绕着太阳旋转的轨道是椭圆形，因此有时距离太阳比较近，有时比较远，按照这个说法，那么整个地球应该同时是夏天，或同时是冬天了。正确的解释是穿过地球南北极的轴和地球绕着太阳旋转的平面有23.5度的倾斜，北半球夏天的时候，这条轴倾向太阳，因此离太阳比较近，阳光入射角度大；冬天的时候，这条轴倾离太阳，因此离太阳比较远，阳光入射角度小，因此一年之中，同一地区地表吸收的热量与气温有高低变化而形成寒暑，而南半球则正好相反。

从在椭圆形轨道上不同的位置和太阳的距离来说，一月

时,地球离太阳最近;七月时,离太阳最远。地球绕着太阳旋转,叫做公转,旋转一周定义为一年;地球同时绕着自己穿过南北极的轴旋转,叫做自转,自转一周定义为一天;还有,月亮绕着地球旋转,旋转一周定义为一个月。

这给小朋友灌输了时间观念,三个旋转的周期是独立、各不相关的,因此有闰月、阳历和阴历的换算等问题。

讲到用功读书,前面说过"子不学,非所宜";讲到春、夏、秋、冬时,倒让我想起小时候念过一首打油诗:"春天不是读书天,夏日炎炎正好眠。秋有蚊虫冬有雪,读书只有等来年。"


闰年月以调时差


在《千字文》里,也有讲到节令:

寒来暑往,秋收冬藏:就是一年季节的变换。

闰[1]余成岁:为何阳历会有闰年?地球绕着太阳公转一周的时间是三百六十五天五小时四十八分四十六秒,换句话说,当地球绕着太阳走了三百六十五天之后,还落后五个多小时才回到一年前的原点,每隔四年就差不多落后了一天,因此每四年会有一个闰年,闰年会加上二月二十九日这一

---

[1] 闰:多余的意思。

天，把落后的一天补回来。至于中国阴历为何有闰月呢？地球绕太阳一周的时间，月球则绕地球十二又三分之一周；月亮绕地球一周是阴历一个月，阴历大月三十天，小月二十九天，十二个月共三百五十四天；所以地球绕太阳公转，经过阴历十二个月之后，整整落后了十一天五小时，因此阴历每隔三年就有一个闰月，但这样还是无法补足三十三天十五小时的差距，所以阴历中大约十九年有七个闰月，就是为了把这些差距补回来。其实历法的计算相当复杂，从天体的运行到季节的变化，都是影响的因素。

律吕调阳：律吕是音乐里的标准音，中国古代用十二根不同长度的律管，吹出各种高度的标准音，由低到高依次为：黄钟、大吕、太簇、夹钟、姑洗、中吕、蕤宾、林钟、夷则、南吕、无射、应钟，称为十二律。奇数各律称为阳律，也叫做六律；偶数各律称为阴律，也叫做六吕。"律吕调阳"是把十二音律和日历的十二个月对应起来。

曰南北,曰西东,
此四方,应乎中。

讲过了四时,再用四方来阐述"四"这个数字的观念。

东、南、西、北四方是地理,古时候人们认为地球是二维
的平面,两点之间的相对位置由"方向"和"距离"这两个
观念来决定;两点之间的相对方位用东、南、西、北来做参

考方向，首先"面向东，背对西，左手为北，右手为南"，决定了四个方向的相对关系。用数学上的语言来说，东向后转一百八十度就是西，向左转九十度就是北，向右转九十度就是南。

但我们要决定东是哪一个方向呢？换句话说，要以东作为绝对方向的基准。自古以来，我们以太阳升起的方向为东，大家应该记得太阳从东升起，向西落下，那是因为地球自转是逆时钟方向。

"四方"就是东、南、西、北，"四面八方"就是东、东北、北、西北、西、西南、南、东南。中国自从秦汉以后，就认定自己是中原之国，西戎、东夷、南蛮、北狄就是在周围边陲地区的野蛮人。成语"各分东西"、"南辕北辙[1]"都是背道而驰的意思。

汉乐府有一首小诗描绘江南地区采莲人的欢乐景象："江南可采莲，莲叶何田田[2]，鱼戏莲叶间：鱼戏莲叶东，鱼戏莲叶西，鱼戏莲叶南，鱼戏莲叶北。"初读时，似乎单调，但平实自然中韵味隽永。

还有两则有趣的文字游戏对联："东当铺，西当铺，东西

---

[1] 辕：套住拖车马匹的两根木条，连接到车轴，拖动车轮。辙：车子在路上行驶留下的轨迹。南辕北辙：车子向南走，路的方向却是往北的。

[2] 田田：茂盛浓密。

当铺当东西;南通州,北通州,南北通州通南北。""水部火灾,金司空大兴土木;南人北相,中书君什么东西。"

读过金庸《射雕英雄传》的读者,当然一定记得"东邪"桃花岛主黄药师,"西毒"白驼山主欧阳锋,"南帝"大理国君段智兴和"北丐"丐帮帮主洪七公。

英国有名的诗人和小说家吉卜林(Rudyard Kipling)的一首名诗《东西方民谣》(*The Ballad of East and West*),开头几句是这样的:

Oh, East is East, and West is West, and never the twain shall meet,

Till Earth and Sky stand presently at God's great Judgment Seat;

But there is neither East nor West, Border, nor Breed, nor, Birth,

When two strong men stand face to face,

though they come from the ends of the earth!

我的一位好友竹本郎的中译如下(调寄《琴调相思引》):

西乃西时东乃东,两处不相逢,

至审判日,大地对长空;

异极两雄迎面立,再无疆界划西东,

生来平等,养育也应同!

## 四方五岳名胜多

《千字文》也讲中国地理上四方重要的名胜古迹:

岳宗恒岱,禅主云亭:中国五岳是山东的东岳泰山、陕西的西岳华山、湖南的南岳衡山、山西的北岳恒山、河南的中岳嵩山,风景上有"泰山雄、衡山秀、华山险、恒山奇、嵩山奥"的说法。泰山为五岳之首,是历代帝王封禅祭祀的地方,按照记载,中国历代皇帝包括秦始皇、西汉孝武帝、东汉光武帝、唐高宗、唐玄宗、宋真宗都到过泰山封禅。封禅是皇帝祭祀天地的仪式,"封"是祭天帝,表示归功于天,在泰山顶举行;"禅"是祭地神,表示对土地报福,在泰山脚底下的云山和亭山举行。

大家常听到的"登泰山而小天下"出自《孟子·尽心》篇,孟子说:"孔子登东山而小鲁,登泰山而小天下。故观于海者难为水,游于圣人之门者难为言。"孔子登上鲁国的东山,就体会到鲁国很小,登上泰山,就体会到天下很小;所以看过海才知道一滴水的渺小,聆听过大师的教导才知道讲出有见地的话是多么困难。一方面是推崇孔子的视野与胸怀,一方面是告诉我们要知道自己的渺小和不足。

《千字文》里也讲到中国的河流和湖泊:

浮渭据泾：渭水是黄河最大的支流，发源于甘肃，经陕西入黄河；泾水又是渭水的支流，发源于宁夏。渭水和泾水在长安北郊相汇，因为含沙量不同，泾水清，渭水浊，两条河的水一清一浊，合流之后，清浊两流并不融合，清清楚楚地有一条分界线，就是"泾渭分明"这句成语的出处。

昆池碣石，巨野洞庭：滇池在昆明的西南，是云南最大的淡水湖，有"高原明珠"之称。昆明的大观楼有一对清朝乾隆年间孙髯写的一百八十字长联，上联写风景，下联写历史，有天下第一长联[1]之称。

洞庭湖在湖南北部，是长江以南中国第二大淡水湖。描述洞庭湖的诗文很多，范仲淹在名作《岳阳楼记》（岳阳楼在洞庭湖的东北角）说："予观夫巴陵胜状，在洞庭一湖。衔远山，吞长江，浩浩汤汤，横无际涯；朝晖夕阴，气象万千。"我看巴陵郡（今之湖南岳阳）最优美的景色，全集中在洞庭湖上，它衔接远处的群山，吞纳长江的水流，水势浩大，宽阔无比，早晨阳光灿烂，傍晚暮霭阴沉，气象变化万千。

---

[1] 上联：五百里滇池，奔来眼底。披襟岸帻，喜茫茫空阔无边。看东骧神骏，西翥灵仪，北走蜿蜒，南翔缟素。高人韵士，何妨选胜登临。趁蟹屿螺洲，梳裹就风鬟雾鬓；更苹天苇地，点缀些翠羽丹霞。莫孤负四围香稻，万顷晴沙，九夏芙蓉，三春杨柳。下联：数千年往事，注到心头。把酒凌虚，叹滚滚英雄谁在？想汉习楼船，唐标铁柱，宋挥玉斧，元跨革囊。伟烈丰功，费尽移山心力。尽珠帘画栋，卷不及暮雨朝云；便断碣残碑，都付与苍烟落照。只赢得几杵疏钟，半江渔火，两行秋雁，一枕清霜。

唐朝诗人钱起写的《湘灵鼓瑟》有"流水传湘浦,悲风过洞庭"名句,还有孟浩然《临洞庭湖赠张丞相》所作、滕子京《临江仙》引用的"气蒸云梦泽,波撼岳阳城"名句。

曰水火，木金土，此五行，本乎数。
曰仁义，礼智信，此五常，不容紊。

接下来，《三字经》讲到 "五" 这个数字的观念。

## 五行基本元素

古文明里，人们都要问：什么是构成万物的基本元素？中国古代认为是金、木、水、火、土；古希腊、古印度和其他文化中，认为水、火、土和空气是四种基本元素，但是还加上第五种元素 "以太[1]"（ether）。水、火、土和空气是人世里的基本元素，以太充满了人世上空的宇宙。

基本元素的观念起源自物理上实体的观察，但是它们的

---

[1] 哲学家亚里士多德（Aristotle）设想的一种物质。十九世纪的物理学家认为它是一种被假想的电磁波传播媒质；但后来实验和理论都不支持 "以太" 的存在，因此 "以太" 的观念就被抛弃了。

功能和性质也逐渐扩充成为哲学、文化上的观念,例如:希腊文化里,就加上了冷、热、干、湿的特质。空气的主要特质是湿,次要特质是热;火的主要特质是热,次要特质是干;土的主要特质是干,次要特质是冷;水的主要特质是冷,次要特质是湿。

中国文化里则有相生相克的说法,金生水,水生木,木生火,火生土,土生金;金克木,木克土,土克水,水克火,火克金。这都是有具体物理意义的:"水生木",水可以灌溉滋长树木;"木生火",树木可以用来生火;"土生金",在土里耕作可以卖钱;"土克水",沙土可以堆成堤来挡水;"水克火",水能灭火。推而广之,更可以用五行来对命运、面相、住宅、风

水做出解释，那是顺应天理或是穿凿附会，就很难说了。

《千字文》里曾谈到水以及多种矿物：

云腾致雨，露结为霜：包含了水的三态，云是气态，雨和露是液态，霜就是固态。

金生丽水，玉出昆冈：金沙江流入云南的一段称为丽水，也称丽江，自古出产黄金。昆冈就是昆仑山，以产美玉闻名。

剑号巨阙，珠称夜光：用越王勾践的宝剑巨阙来泛指铁，用出自南海的夜光珠来泛指珍珠。

## 五常基本德性

"五常"就是五种恒久不变的基本德性，儒家对仁、义、礼、智、信的道理有很多阐述；"不容紊"的意思是仁、义、礼、智、信的次序代表它们的重要性，是不可以紊乱的，例如有智而没有仁义，就可能做大坏事了。

五行和五常之间有没关系呢？木主仁，金主义，火主礼，水主智，土主信，听起来有点道理，例如水代表灵活适应，土代表深厚稳健，不过是不是真的可以更深入地连起来诠释呢？那真是见仁见智了！

稻粱菽，麦黍稷，此六谷，人所食。
马牛羊，鸡犬豕，此六畜，人所饲。

《三字经》用植物和动物来阐述"六"这个数字的观念。

稻的籽就是米，粱的籽就是粟，菽指大豆，麦指大麦和小麦，黍和稷是两种不同的黄米。农业社会里，田里栽种的粮食，以及家中饲养来做工或者食用的动物，都是小朋友非常熟悉的，可说是把教育和现实生活结合起来。

按照经济学家的说法，人类文明发展的历史里，有二十几个可以被广泛应用，因而带动经济、社会、政治发展和改变的技术，称为"一般通用技术"（general purpose technologies），按照时间顺序来排序，第一就是粮食的栽种，第二就是家畜的饲养，接下来包括冶金技术、轮子、文字、印刷术的发明，还有蒸汽机、铁路，以至最近的计算机、网络、生物科技等。

《千字文》里也谈到植物和动物：

果珍李奈，菜重芥姜：水果中的珍品是李子和奈子，奈子是苹果的一种，也称"花红"或"沙果"；蔬菜里比较重要的是芥菜和味道辛辣的姜。

　　海咸河淡，鳞潜羽翔：海水是咸的，河水是淡的，有鳞的鱼能在水中游，有羽毛的鸟能在天上飞。

　　渠荷的历，园莽抽条，枇杷晚翠，梧桐早凋：夏季池塘中的荷花艳丽，春季园林草木抽出新的枝条，枇杷树在冬日里依然青翠，梧桐树在秋天很早就凋零了。

日喜怒,曰哀惧,
爱恶欲,七情具。

接下来《三字经》谈到人的七种情绪。

情绪是一个人的心理状态,会受到生理状态(例如:疲乏、饥饿、荷尔蒙分泌等),以及外来的刺激(例如:声音、影像和肢体接触等)的影响,产生对应的心理和生理反应。心理的反应包括心理状态的改变,和对认知、行动等能力的影响;生理的反应包括血压上升、心跳加速、狂笑、痛哭、摩拳、跺脚等。毫无疑问地,复杂的心理状态难以简单地描述,不过心理学家首先定义了几个显著不同的情绪,在许多现实的

喜　　怒　　哀　　惧　　爱　　恶　　欲

情形下，一个人的心理状态往往是几种情绪的混合。

　　儒家所讲的七情就是喜、怒、哀、惧、爱、恶、欲。喜是喜悦，怒是愤怒，哀是忧伤，惧是恐惧，爱是爱恋，恶是厌恶，欲是欲望。西方的心理学家则把喜（happiness）和哀（sadness）、怒（disgust）和惧（fear）、爱（love）和恶（hate）、欲（desire）加上惊讶（surprise），配成相对的情绪。

　　让我先讲两个故事来说明情绪对一个人的影响。


范进中举喜若狂


　　吴敬梓《儒林外史》里，有个"范进中举"的故事。中国古代科举制度里，考试分成县级、省级、全国的和在皇帝面前考的殿试，参加县级考试以前，先要获得童生的资格，县级考试选出来的叫"秀才"；省级考试选出来的叫"举人"；举人就具备官员的资格了；全国考试选出来的叫"贡士"，再通过殿试才获得"进士"的身份。进士的前三名称"一甲"，就是状元、榜眼和探花，下面七名称"二甲"，其他就称"三甲"。

　　范进是明朝成化年间、正是天下繁荣时期的人，二十岁就当上童生应考秀才，可是考了二十几次还是没有考取，五十四岁那一年再去应考，幸好这一回他交卷交得早，主考官认真反复地看了他的卷子之后说："我看了一两遍都没看懂他的文章，直到第三遍，才晓得是天地间的至文。"就点了范进为秀才第一名。

　　范进的丈人是个屠夫，大家叫他胡屠户，拿了一副大肠和一瓶酒向他道贺，顺便夸了他一下："我倒霉将女儿嫁给你这个活宝，历年来不知累了我多少，如今不知道我积了什么德，带挈你中了秀才，所以带个酒过来贺你。"过了一段时间，考上秀才的人准备去参加省级乡试，范进没有路费，去找丈人商议，胡屠户不但不肯帮忙，还将他骂得狗血淋头；但范进还是偷偷到城里去参加乡试，出了场回到家，家人已经饿了两三天，被丈人知道后，又被骂了一顿。

　　到了发榜那天，家里没米可下锅，范老太太说："家里还有一只生蛋的母鸡，你拿到市集上去卖，买几升米回来煮点粥吃，我已经饿得两眼都看不见了。"范进抱了鸡出门去了。这时他家门前突然听到一片锣声，三匹马停了下来，三个人下马，大声叫道："快请范老爷出来，恭喜高中了！"接着二报、三报也到了，屋子里挤满了人，范老太太赶快请邻居到市集找范进。邻居看到范进抱着鸡，手里插个草标，东张西望地找人买鸡，告诉他中了举人，赶快回家，范进却以为邻居在开玩笑，想要抢夺他的鸡。好不容易将他拉了回家，看到报帖已经挂起来，"范老爷高中广东乡试第七名"，范进看了一遍，又念了一遍，两手拍了一下，笑一声说："好了，我中了！"然后一跤跌倒，牙根咬紧，不省人事，范老太太慌忙灌了他几口开水，范进爬了起来，又拍手大笑说："好了，我中了！"不由分说就往门外飞跑，一脚踹进池塘里，头发都跌散了，两手黄泥，一身的水，大家说："新贵人欢喜得疯了，怎么办？"

有人想出了一个主意，找个范进平日最害怕的人打他一耳光，说报喜的人说的都是假话，你并没有中举人，只要让他把一口痰吐出，就没事了。这份差事自然落在胡屠户身上，胡屠户来到市集，看到范进披散着发，满脸污泥，一面拍掌，口中不断地说："中了！中了！"胡屠户凶神般走过来，说："该死的畜生！中了什么？"一巴掌打下去，众人忍不住笑，范进也就清醒过来了。这时胡屠户突然觉得打了范进一巴掌的那只手，隐隐地痛起来，有点懊恼，心想果然天上的"文曲星"是打不得的。

这个故事说明一个人的情绪对心理和生理的影响。我相信这个故事会让人大笑，也会让人流泪，成功的代价是很高的。

伍子胥一夜白头

另一个是伍子胥的故事。春秋时代末期，楚国的楚平王即位，那时楚国国势已经渐渐衰落了，楚平王受了身边人的教唆挑拨，要他把嫡长子太子建废掉，甚至想把太子建、他的老师伍奢以及两个儿子伍尚和伍子胥一起杀掉。

伍奢和伍尚最后都被楚平王杀死了，只有伍子胥逃了出来，打算投靠吴国。楚平王下令悬赏捉拿伍子胥，命人画了他的画像，悬挂在各地的城门上，伍子胥白天躲藏，晚上赶路,到达吴、楚两国边境的昭关(今安徽含山县北),关上的官吏盘查得很严谨,伍子胥一连几夜愁得睡不着,连头发都变白了,面貌也变了。

幸亏遇到了好心的东皋公,东皋公很同情伍子胥的遭遇,先把他接到了自己家里。东皋公有个朋友长得很像伍子胥,因此让朋友冒充伍子胥,守关的人逮住了冒牌货,而真正的伍子胥则因头发全白没被认出来,顺利出了关。谚语"忧令人老,愁能伤人"正是这个意思。

## 情绪处理与人际关系

的确,情绪的节制和调整,对一个人生理和心理上的健康,以及与别人和谐相处的关系都是非常重要的,狂喜、大悲、痛哀、深惧、狠恶、贪欲都应该尽量避免。希腊哲学家亚里士多德说过:"每个人都会生气,那是容易的事,但是对适当的人生气,生气到适当的程度,在适当的时候生气,有适当的目的生气,有适当的方法生气,那就不是容易的事了。"这句话讲出了处理情绪的要点。

近代心理学家把一个人处理情绪活动的能力叫做"情绪智力"(Emotional Intelligence),仿照测试一个人智力的方法,订定测试一个人情绪智力的方法,把测试的结果量化,称为"情绪智力商数"(Emotional Intelligence Quotient),简称为"ＥＱ"。也就是说，ＥＱ愈高就代表有愈好的能力来处理情绪的活动。

提升情绪智力有五个层次：第一、认识了解自己的情绪，第二、控管自己的情绪，第三、激发自己的情绪，第四、了解别人的情绪，第五、影响别人的情绪，因而成功地处理人际关系。

匏土革,木石金,
丝与竹,乃八音。

　　到了"八"这个数字,《三字经》用"八音"作为例子。八音是中国古代按照制作乐器的材料,把乐器分成八大类,这个分类远在《尚书》《周礼》中都已有记载,即匏、土、革、木、石、金、丝与竹为"八音"。

　　"匏"是葫芦,晒干之后可作为乐器吹奏,包括笙和竽。"土"是用陶土制的乐器,如缶,缶本来是陶土制成的陶笛、盛酒的瓦器,但也可以敲打作为乐器。"革"就是皮革,如鼓。"木"如木鱼、拍板、梆子。"石"如磬,磬是用玉石制成的打击乐器,可以在架上悬挂一个或者几个一组来敲打。"金"是金属,包括钟、锣、铙、钹。"丝"就是弦,可以分成三类,一是拨弦,如古筝、月琴、吉他;二是拉弦,如二胡、提琴;三是击弦,如扬琴、钢琴。"竹"如笛、箫。

　　为什么将音乐按照不同的乐器来分类呢?这自然有

它的道理,从物理的观点来说,声音是一种振动,声音的三个主要元素是音调、音量和音色。"音调"就是振动的频率,频率高,高音尖锐;频率低,声音低沉。"音量"就是振动的幅度,幅度大,声音强;幅度小,声音弱。"音色"包括振动的谐波、振动时间的长短、振动衰减的快慢。简单地说,音色就是声音的质量,不同歌手、不同乐器虽然可以发出同样的音调,但是他们的音色往往大不相同,尤其是不同的乐器,锣和鼓、笛子和提琴发出来的声音都很容易分辨出来。

八音与八度音阶

音乐的"八度音阶"和古人讲的"八音"无关,一个八度音阶是一个声音振动频率增加一倍的声音,例如:钢琴的中央键也叫做C4,C4振动的频率是261.626 Hertz,比它高一倍的是C5,也叫做高音C,振动频率是 $2 \times 261.626$ Hertz。八

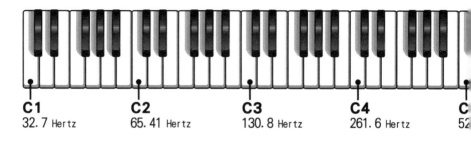

C1 32.7 Hertz  C2 65.41 Hertz  C3 130.8 Hertz  C4 261.6 Hertz  C 52

度音阶又分成八个音C、D、E、F、G、A、B、C, 也就是大家熟悉的Do、Re、Mi、Fa、So、La、Si、Do, 这个划分的方法叫做唱名(Solfege)。中国古代用宫、商、角、徵、羽五个音, 宫相当于Do, 商相当于Re, 角相当于Mi, 徵相当于So, 羽相当于La, 和西方的音阶相对应的做法是加上"清角", 相当于Fa, "变宫"相当于Si。在中国古代这个音阶还会和五行连接起来, 做出哲理上的阐述。

在百老汇音乐剧《音乐之声》(*The Sound of Music*)里有首歌《Do-Re-Mi》, 其中一段歌词是:

Do-re-mi-fa-so-la-si,
Let's see if I can make it easy:
Doe, a deer, a female deer,
Ray, a drop of golden sun,
Me, a name I call myself,
Far, a long, long way to run,

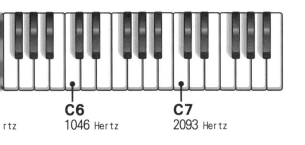

Sew, a needle pulling thread,

La, a note to follow Sew,

Tea, a drink with jam and bread,

That will bring us back to Do.

高曾祖，父而身，身而子，子而孙，
自子孙，至玄曾，乃九族，人之伦。

在父系社会里，父亲、祖父、曾祖父、高祖父往上数四代，儿子、孙子、曾孙、玄孙往下数四代，就是九族。族诛是中国古代封建社会的残酷刑罚，一个人犯罪株连他的亲人。诛九族，一说是前面说的九族，纯粹是血统关系；另一说是父族四、母族三、妻族二，则加上婚姻关系了。

"连坐"的观念是指本人没有任何犯罪行为，但因和犯罪的人有某种关系，包括师生、邻舍、朋友等，而被牵连入罪。在中国历史里，夏、周、春秋战国时期都有连坐制度，尤其秦代商鞅变法、宋代王安石的新法里都有相当严峻的规范。

郑成功败于缓兵计

再来讲个与连坐入罪有关的历史故事。

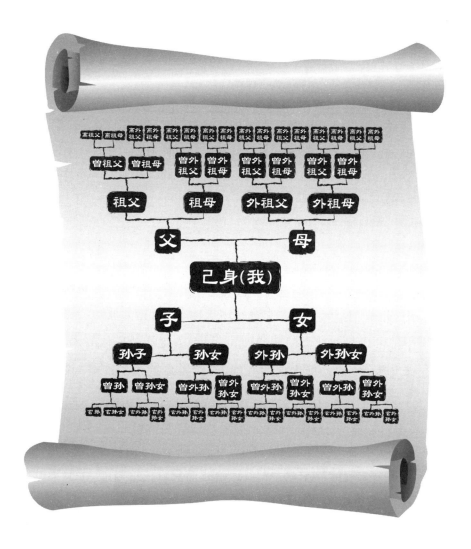

　　明朝末年，李自成攻入北京，崇祯皇帝自缢身亡，吴三桂引清兵入关，顺治帝即位，明亡清兴。许多明朝遗臣在东南方拥立朱家王室藩王重建明朝，就是历史上所谓的"南明"，

南明开始于弘光帝，但是短短五个月就被清军俘杀身亡。接下来是隆武帝，郑成功得到隆武帝的赏识，赐国姓"朱"，因此郑成功被称为"国姓爷"。隆武帝在位两年，随后被清军俘虏，绝食不屈而死，再由永历帝登位，在位十六年后被吴三桂绞杀于昆明。

十几年来，郑成功一直领兵和清军对抗。永历十三年，他率领大军北伐，逆长江而上，破了镇江、苏州等地区，包围了南京，向镇守南京的清朝西江总督郎延佐施压，劝他投降，郎延佐采缓兵之计，说按照清朝的法律，"守城过三十日，城失守了，罪不及妻孥[1]"，请求郑成功宽限些许时间再投降。拖延了一些时日之后，郑成功的军队斗志松懈，而清军援兵赶到，里应外合从城内冲出来突袭，郑成功反而惨败退回厦门。

---

[1] 孥：指儿女。

第十七堂

父子恩，夫妇从，兄则友，弟则恭，长幼序，
友与朋，君则敬，臣则忠，此十义，人所同。

从孝悌开始，推广到人和人之间的关系，就是五伦，五伦
是父子、夫妇、兄弟、朋友和君臣，指中国古代最重要的五种
人际关系。到了今天，前面三种可说没有改变，朋友的关系
倒是可以加上素未谋面、透过Facebook、Twitter等社群网站
认识的网友；君臣的关系在字面上已不复存在了，但是政府
和人民的关系、职场上主管和部属的关系，也可以被视为君
臣关系的延伸。

这些关系应该是如何呢？按照《三字经》的说法就是
"父子恩，夫妇从，兄则友，弟则恭，长幼序，友与朋，君则敬，
臣则忠，此十义，人所同"。换句话说，"父慈子孝，夫和妇随，
兄友弟恭，朋谊友信，君敬臣忠"就是十种行为准则，也称为
十义，十义在不同经典里有相似但不完全一致的说法，也有
许多精辟深入的诠释。

让我讲个笑话：有位大官在自家的大门上挂上一副亲手写的得意对联："子当承父业；臣必报君恩。"描述他如何尽到做儿子、为人臣的责任。有个小神童却说："你颠倒了君臣、父子的次序是要被砍头的。"他恍然大悟，连忙要将对联毁掉，但小神童又说只要把字的次序颠倒一下就改正过来了，"君恩臣必报；父业子当承。"君在前，臣在后，父在前，子在后，上联是君臣，下联是父子，在封建制度下的次序就完全正确了。

## 修己身与待他人

《千字文》也讲到人和人之间的关系：

资父事君，曰严与敬：供养父亲和侍奉君主要严肃和恭敬。

夙[1]兴温清：夙兴是夙兴夜寐的省略语，孝顺父母，早上要起得早、晚上要睡得迟以侍奉双亲。温清是前面讲过的二十四孝东汉黄香的故事，他细心地侍奉父亲，"温"是指冬天用身体温暖被褥，"清"是指夏天用扇子扇凉枕席，才让父亲就寝。

夫唱妇随：这是封建时代的说法，指丈夫唱诵妻子要附和跟随；不过现在用以表示夫妇和睦的意思。

---

[1] 夙：早上的时候。

第十八堂

凡训蒙,须讲究。
详训诂,明句读。

讲完了数学,《三字经》接着讲文字。

我们先从"句读"讲起。句读的"读"字是读书时停顿的地方,念"dòu",与读书的"读"字是同字异音的例子。

中国古代的文字,没有现代的标点符号,和其他语言比较,中文没有大写,也没有元音和子音的分别,往往也没有用空白来断句和另起一段的做法,因此读古文时,主要是靠文章内容来断句。

有个故事说一个人到朋友家拜访,正好碰上倾盆大雨,主人很怕客人留下来过夜,就写了字条下逐客令:"下雨天留客天留我不留",他的朋友看了,明白主人的用心,但主人没有用标点符号把这十个字断成两句,于是他自己加上标点符号为"下雨天,留客天,留我不? 留!"就自作主张留下来了。

其实这十个字可以有七八种不同的断句方法,例如:"下雨天，留客天，留我不留？"那是礼貌地询问主人留不留；也可以断成"下雨天留客，天留我？不留！"明确地告诉主人：我才不要留下来呢！

《大学》里有几句大家耳熟能详的话："知止而后有定，定而后能静，静而后能安，安而后能虑，虑而后能得。"意思是能够以止于至善为目的，然后意志才会坚定，然后情绪才会平静，然后内心才会安定，然后才会对事情做周详的思虑，然后才会有所收获。但有个秀才书没读通，把这几句念成："知止而后有定定，而后能静静，而后能安安，而后能虑虑，而后能得。"他说："不好了，少了一个'得'字了。"又有另一个秀才把这几句念成："知止而后有，定定而后能，静静而后能，安安而后能，虑虑而后能得。"他说："不好了，多了一个'得'字了。"


语言断句的奥妙


杜牧有首脍炙人口的七言绝句：


清明时节雨纷纷，路上行人欲断魂。
借问酒家何处有，牧童遥指杏花村。


有人把这首诗断句成一阕词，也同样美妙：

清明时节雨,纷纷路上行人,欲断魂!

借问酒家何处,有牧童,遥指杏花村。

我也在英文里找了两个有趣的例子。同样一个句子,有两个不同的标点方法:

A woman, without her man, is nothing.

A woman: without her, man is nothing.

第一句的意思是"一个失去了她的男人的女人是不值一哂的",第二句的意思是"女人:没有了她,男人就不值一哂了"。

另一个例子是一只猫熊去到一家小餐馆,点了一份三明治,吃完了,拿出手枪,朝空发射了两枪,就要起身离开,店主人说:"您还没有付钱啊?而且为什么要拿出手枪来胡乱发射呢?"猫熊拿出一本《野生动物大全》给店主人看,其中有一句话"Panda eats shoots and leaves",翻成"猫熊吃嫩芽和树叶"(eats 作动词解释,shoots 和 leaves 作名词解释);但可以断句成"Panda: eats, shoots and leaves",翻成"猫熊:吃,开枪和离开"(eats, shoots 和 leaves 都作动词解释)。

第十九堂

为学者,必有初,
小学终,至四书。

　　小孩子文学教育的过程,从启蒙开始,可以分成两个阶段,第一阶段是"详训诂,明句读",第二阶段是"小学终,至四书"。

　　我们前面讲过了"明句读",接下去讲"小学"。中国古代"小学"这个名词,并不是现代教育制度从一年级到六年级的国民小学;古文的"小学"是语言文字学的统称,包括音韵学(释音,就是声音)、文字学(释形,就是形状)和训诂学(释义,就是含义)。"详训诂,明句读"就是指详细了解训诂学,明白如何标点断句,这些都是包括在小学里的内容。

　　语言文字的学习有三个重要的面向:第一个是声音,学会了正确的发音,讲出来别人才听得懂,也才听得懂别人讲什么,更进一步注意词和句声调的配合,包括平仄、韵脚,听起来、讲出来就更加悦耳动听,即是音韵学;第二个是形状,学会了正确的写法，写出来别人才看得懂，也才看得懂别人写什么，进一步在书法上呈现出美感，再加上字和词的属性（例如：虚字实字、名词动词），词和句的结构（例如：文法），即是文字学；第三个是会义，是最重要的部分，声音和文字都是用来传递讯息的，如何精准地、明确地、优雅地使用这些符号来表达讯息、理念和情感，才是使用语言和文字的目的。中国古代的训诂学可以狭义地定义为译解词义的研究，但也分析古代书籍里的语法和修辞，用通俗的语言来解释词义叫做"训"，用当代的话来解释古代的语言叫做"诂"，也就是说将古文翻成白话文，再翻成火星文。

## 对联测文学能力

让我讲个故事印证前面所讲的。一九三二年夏天，清华大学入学考试的国文试题由国学大师陈寅恪先生出题，他出了一个对对子的题目，上联是"孙行者"，按照陈先生的笔记，标准答案是"胡适之"，胡对孙，因为猢、狲是猿猴，行和适是动词，者和之是虚字；不过有考生用中国古代有名的数学家"祖冲之"的名字作答，也对得很工整。

国文考试考对对子曾引起一番讨论，后来陈寅恪先生特别给当时国文系主任刘文典写了一封信，说明用对对子来测验学生文学修养的几个重点：

第一，对对子可以测验虚字、实字、名词、动词的分别和使用；

第二，对对子可以测验平仄和声韵的掌握；

第三，对对子可以测验读书之多少和语汇使用能力之高低；

第四，对对子可以测验思想的条理、联想的能力和创意的高下，上等的对子在思路上必须具备正、反、合三个阶段。

我认为应该可以加上测验思想的灵活，因为对对子的确是海阔天空，不像写文章要按照固定的题目来发挥。

## 错别字失之千里

再来看些有关语言文字学的例子：

所谓错字是笔画错了，变成一个不存在的字，别人看不懂，只好瞎猜。"花港观鱼"是杭州西湖十景之一，那里有个花港观鱼碑是康熙皇帝写的，"鱼"（魚）字下面有四点，但是康熙皇帝写的"鱼"字却只有三点，当然是个错字；不过，当时没人敢说皇帝犯错，只好解释为鱼字下面的四点是火，火会把鱼烤死，康熙皇帝有好生之德，少写一点，三点就是水，让鱼在水里自由自在地游。

因为想当然耳，或者因为标新立异，许多人会创造一些字典里没有的字，如"有"字是一横一撇，底下一个月字，少写了

"月"中的两横是个错字;但在广东话里,将"有"字的两横拿掉,成为新字"冇",念"mǎo",是没有的意思;推而广之,将"有"字里的一横拿掉,只剩下一横,就成为一个新字"冇",是只有一点的意思。

至于别字则是笔画错了,变成另外一个字,也称为白字,"白"源自"别"的音变。

有个学生去外地读书,写信给爸爸:"这里天天下雨,别的同学都有命,我没有命,请赶快寄钱过来,好让我买命。"爸爸大吃一惊,怎么儿子没有命了?原来儿子要说的是这里天天下雨,别的同学都有"伞",我没有"伞",请赶快寄钱过来,好让我买"伞";却把"伞"字写成"命"字了。

最常见的错别字是同音异字的别字,尤其是现在很多人在计算机上打字都用注音输入法。有个小学生在日记上写:"我的爷爷去'势'了,大家都很悲伤。"他把世界的"世",写成势力的"势",这一来,最悲伤的应该是他爷爷吧!

古时候,有位私塾老师看到窗外庭院里,枇杷树上结果累累,就出了上联:"琵琶结果"(误将"枇杷"写成了"琵琶"),要学生带回家做作业写下联,学生从来没有见过琵琶这个乐器,向妈妈求救,妈妈看到老师写了别字,帮儿子写了下联:"喇叭开花";第二天,老师在卷子上批:"喇叭是乐器,怎会开花?不通,不通。"学生挨了骂,回家告诉妈妈,妈妈又好气又好笑,老师自己写了别字,还不自知!就在卷子上写了一首诗："枇杷不是此琵琶，想是先生落笔差。若是琵琶能结子，满城喇叭尽开花。"老师看了十分尴尬，好在师母也是个才女，就替老师在卷子上加了一首诗："琵琶就是此枇杷，不是老师落笔差。若是琵琶不结子，笛中那得落梅花？"师母的诗典故出自李白诗句："黄鹤楼中吹玉笛，江城五月落梅花。"其实，"落梅花"是吹笛子的名曲，五月是初夏时分，根本不会有梅花，李白的诗句用"落梅花"的曲名暗示诗人冷落凄清的心情，有如冬天梅花满天飘落的情景，而师母又再延伸到笛子里有梅花落下来替老师解围。

有个老是念别字的老师，死后来到阎王面前，阎王说："你生前误人子弟，来世要投胎做一条狗。"他说："那我要做母狗，不要做公狗。"阎王问："为什么呢？"老师说：《礼记·曲礼》说，临财'母狗'得，临难'母狗'免。就是遇到财物母狗会得到，遇到灾难时母狗可以避免，所以我要做母狗。"《礼记·曲礼》的原文是："临财毋苟得，临难毋苟免。""毋"是不可以的意思，写法和念法都和"母"字不同；"苟"字是随便草率的意思，不是"狗"。原文的意思是遇到财物不可轻率地取得，遇到灾难时不可以轻率地想避免。

## 同音异音变化多

至于发音呢？字的发音错了，别人听不懂，甚至会引起误会。"有字读字，无字读边"往往是念错音的源头，"鬼鬼祟祟"念成"鬼鬼崇崇"，"刚愎自用"念成"刚复自用"，"病入膏肓"念成"病入膏盲"，"荼毒生灵"念成"茶毒生灵"都是有字读字之害。"啇"是树根的意思，加上三点水成了"滴"，加上手旁成了"摘"，加上"辶"字旁成了"适"，怎能有边读边呢？

同音异字虽然容易造成错误，有时却成为有趣的文字游戏，例如：我们应该向 qián 看，究竟是"向前看"？还是"向钱看"？前途无 liàng 是"没有限量"呢？还是"没有光亮"呢？

和同音异字相对的是同字异音，俗称"多音字"，例如：美妙的音"乐"（yuè）、令人快"乐"（lè）、仁者"乐"（yào）山、智者"乐"（yào）水；欺善怕"恶"（è）、令人厌"恶"（wù）；毒"蛇"（shé）出洞、虚与委"蛇"（yí）[1]。

有一则笑话：老李向老张借了一万元，讲好分期归还。到了年底，老李却没有将钱还清，法庭上他们呈给法官一张双方签字的字条，老张的律师念："老李向老张借了一万元，按照年底的纪录，老李还欠款八千元。"这个"还"念成还有的"hái"，所以要求老李还款八千元；老李的律师念："老李

---

[1] 委蛇：勉强敷衍的意思。

向老张借了一万元，按照年底的纪录，老李还欠款八千元。"这个"还"念成还钱的"huán"，所以只剩两千元尾款。

李清照有名的词句："乍暖还寒时候，最难将息。"有个说法指"还"字应该念旋转的"xuán"，是旋转回归的意思，这是"还"字的第三个读音。

还有外国人讲中文闹的笑话：在中国旅游的老美到一家餐厅用不太正确的国语问女服务员："小姐，水饺一碗多少钱？"结果不但没吃到水饺，还被服务员狠狠打了一记耳光。

还有一个读音相似的例子。赵元任先生有一篇短文《施氏食狮史》[1]，若要把这篇短文一字一字准确地念出来，实在会把许多人考倒。

## 不解字义误会大

即使字写对了，也念对了，但对字和词的含义没有清楚准确地了解，可能是更危险的错误。

老师要小朋友用"毅然决然"、"无怨无悔"两个词造句，有位小朋友写："爸爸、妈妈毅然决然地生了我，他们就

---

[1] 石室诗士施氏，嗜狮，誓食十狮。施氏时时适市视狮。十时，适十狮适市。是时，适施氏适市。氏视是十狮，恃矢势，使是十狮逝世。氏拾是十狮尸，适石室。石室湿，氏使侍拭石室。石室拭，氏始试食是十狮。食时，始识是十狮，实十石狮尸。试释是事。

要无怨无悔地把我养大。"

还有一位小朋友说:"我的妈妈虽然是徐娘半老,却是风韵犹存。"

又有一个小朋友写:"春暖花开,我真想做一株出墙红杏。"

可不是只有小朋友会用错语词。八国联军打入北京时,慈禧太后从北京西奔,一路上走得很辛苦,终于到达了西安,在行宫好好地休息了一个晚上。第二天吃早饭时,她对身边的太监们说:"这一段时间,吃也没吃好,睡也没睡好,所以心情也不好,现在好好休息之后,胃口好了,心情也好了,想出去活动走走看看了。"旁边奉承的太监赶紧接着说:"是啊!那就是饱暖思淫欲呀!"不知道这个太监有没有被砍了头?

## 从小学读到《大学》

"小学终,至四书"这句就是说音韵学、文字学和训诂学学好之后,接下来就是读经典书籍,包括"四书"、《孝经》、"六经"和"五子"。

南宋理学家朱熹将《礼记》的《大学》和《中庸》两篇抽出来单独成书,加上记录孔子言行的《论语》,和记录孟子言行的《孟子》,合称为"四书",而且朱熹将读这四本书的次序排列为"先读《大学》,以定其规模;次读《论语》,以立其根本；次读《孟子》，以观其发越；次读《中庸》，以求古人之微妙处"。

《大学》首先将做人做事的目标和层次勾勒出来，不但是最重要的宏观脉络，也是容易领悟了解的；《论语》指出很多基本的、具体的观念和做法，但是内容相当广泛而分散，初学时比较难看出全貌；《孟子》又进一步发扬光大，有许多激发人心的比方；《中庸》比较深入和微妙，必须将前面几本书看完之后，才能够看得懂。

讲到这里，我们也可以从这个观点来看现代高等教育课程的规划。前面讲过，古人的"小学"不是今天小一到小六的国民教育；古人讲的"大学"也不是今天大一到大四的四年制大学。古人讲的"大学"是大人之学、大事之学，古人讲的大学正和小学相对比，"小学"学的是语言文学，大学学的是思想、理念、伦理、道德，而《大学》一书讲的就是大学学习的规模和脉络。

让我们以朱熹对研读《大学》、《论语》、《孟子》、《中庸》这四本书的次序和现今的大学课程对照：现代大学里每个系所的课程都必须有全面的规划，在一个科系的学术领域里，深度和广度、必修和选修、先修和共修都有清楚的规定，相对应的是《大学》；大一和大二学的是这个学术领域的基础，相对应的是《论语》；大三和大四学的是延伸和发扬，相对应的是《孟子》，也可以说是激发深入探讨这个学术领域的兴趣；到了研究所，学的就是深入和微妙之处，相对应的是《中庸》。做学问的功夫，要走过的阶段，古今都是如此。

# 论语者，二十篇，
# 群弟子，记善言。

"四书"中先从《论语》讲起。

《论语》这本书一说是孔子的弟子和弟子的弟子将孔子和他们之间的对话做成纪录，孔子逝世之后，这些对话经过整理和讨论，纂修成册。《论语》编定后，历经秦始皇焚火之劫，传到汉代出现了几个版本，现在流传的版本有二十篇，每篇用开始第一句的两个或三个字作为篇名，例如：第一篇是《学而第一》，来自"学而时习之"这句，第二篇是《为政第二》，来自"为政以德"这句。

孔子可说是中国教育史上第一位广收门生的教育家，一说他有三千门生，其中最杰出、和他最亲近的有七十二人，并称为七十二贤。其中包括子渊（颜回），他是孔子最得意的弟子，安贫乐道，孔子说："贤哉，回也，一箪食，一瓢饮，在陋巷，人不堪其忧，回也不改其乐。"（《雍也第六》）

子参（曾参）以孝行著称，一说《大学》和《孝经》都是他写的，《泰伯第八》里，他说："士不可不弘毅，任重而道远。仁以为己任，不亦重乎？死而后已，不亦远乎？"

子路（仲由）是服侍孔子最久的弟子，他性格刚猛直爽，《雍也第六》里有记载："子见南子，子路不悦。"南子是卫灵公的妃子，风情娇艳，声名不怎么好，南子邀孔子去看她，孔子果然去了，即使孔子是老师，子路还是表示了不满的意思，惹得孔子还发誓："假如我做了什么出轨的事，天厌之、天厌之。"

子贡（端木赐）善于经商，是孔子门生中最有钱的，《学而第一》里，他问孔子："贫而无谄，富而无骄，何如？"贫穷却不谄媚，富有却不骄傲，夫子觉得如何？孔子说："可也，未若贫而乐道，富而好礼者也。"这是可以的，不过还是比不上贫穷而能够有志气，富贵而能够谦恭有礼。子贡说的是消极的行为，孔子说的是积极的行为。

追随大师的教诲

讲到了孔子和他的门生，也一并来谈谈希腊教育家苏格拉底（Socrates）和他的门生。首先，孔子在公元前五五一年出生，苏格拉底在公元前四六九年出生，时间上孔子比苏格拉底早了近一百年，苏格拉底自己没有文字著作，他的言行都是由门生记载的,他的大弟子是柏拉图(Plato),柏拉图最有名的弟子是亚里士多德。

按照《马太福音》第十章的记载,耶稣的弟子包括大弟子彼得和他的兄弟安德烈、雅各布和他的兄弟约翰,以及后来出卖耶稣的犹大、马太,还有另一个亚勒腓的儿子雅各布。有些学者认为《新约圣经》的一部分是这些弟子们写的,例如:《马太福音》、《约翰福音》、《约翰一、二、三书》、《彼得前书》、《彼得后书》等;其他部分是十二门徒以外的人写的,例如:《马可福音》、《路加福音》和《使徒行传》等,但是也有些学者认为真正的作者无法考证,使徒的名字只是用来做笔名而已。

这些例子都指出从教育的观点来说,能够追随在一位大师身边,亲自聆听教诲是最难得的学习经验,清华大学校长梅贻琦先生说过:"所谓大学者,非谓有大楼之谓也,有大师之谓也。"真是一语中的。梅校长这句话是模仿孟子对齐宣王讲的,《孟子·梁惠王》:"所谓故国者,非谓有乔木之谓也,有世臣之谓也。"乔木是高大的树木,世臣是世代做官、和国家有深远关系的臣子。

半部《论语》治天下

《论语》分成二十篇,按照不同版本的统计,大约有一万二千到一万六千多字，里面记载了孔子的思想和理念，当然无法也没必要用几句话将它的精髓总结出来；不过，有句话广为流传："半部《论语》治天下。"往往被解释为《论语》是一本治国的宝典。

这句话的出处故事是：宋代赵普原是淮南滁州的私塾老师，社会地位不怎么高，当时还是后周大将的赵匡胤和南唐守军在滁州打了一场仗，赵普因而结识了赵匡胤，之后一直追随辅助他，赵匡胤登上宋太祖的帝位之后，便将赵普封为宰相。也许因为赵普读书不多，后来被宋太祖冷落，派到外地当个虚衔节度使。宋太祖在位十六年过世后，由他的弟弟赵光义继位，即为宋太宗。宋太宗又将赵普请回来当宰相，有一次他问赵普说："许多人说你读书不多，读的只是《论语》而已。"赵普回答："我生平所知道的东西的确不出《论语》之外，但是过去我用半部《论语》辅佐太祖平定天下，我打算用另外半部《论语》帮您治理天下。"这就是"半部《论语》治天下"的由来。更何况《论语》里，除了治国、平天下的道理之外，也讲到格物、致知、诚意、正心、修身、齐家的道理，正如作家于丹说："半部《论语》修自身是这本书一个很好的评语。"

《论语》抽样谈学问

在《论语》浩瀚的智能宝藏里，只选出一些孔子和他的弟子说过的话作为代表，可不是件容易的事，即使是选所谓有深义的、大家比较熟悉的，也是各人有不同的标准和看法，只好用随机抽样的方法来选。

我用的随机抽样原则是和"三"这个数字有关的例子，也就是说选取用到"三"这个观念的语句。我先解释一下为什么想到这个随机抽样的方法，信息科学领域里，有位赫赫有名的大师高德纳（Donald Knuth），他是美国斯坦福大学信息科学的教授，也是一位虔诚的基督徒；他在一九九〇年出版了一本有关《圣经》的书，书中他把《新约圣经》和《旧约圣经》其中的五十九本书，从《创世纪》到《启示录》将每一本的第三章第十六节抽出来详细地阐释和讨论，这就是随机抽样的一个例子。为什么他选每本书的第三章第十六节呢？熟悉《圣经》的人都会记得，《圣经》里最被广为引用的一节就是《约翰福音》第三章第十六节："上帝爱世人，甚至将祂的独生子赐给他们，叫一切信祂的，不至灭亡，反得永生。"

让我们就按照上面说的随机抽样原则在《论语》里选一些例子。


学而时习之，不亦说乎


第一个例子是：子曰："学而时习之，不亦说乎？有朋自

远方来,不亦乐乎? 人不知而不愠,不亦君子乎?"(《学而第一》)

孔子说:"学新的东西并且不断地复习,不是很愉快的事情吗? 有朋友从远方来,不是很快乐的事情吗? 别人不理解我,我不生气,不正是君子吗?"表面上第一句讲学习,后两句讲人际关系,其实这两句话可以同时从学习和人际关系的观点来解释。

"学而时习之"的意思是说在求学上,我们要学新的东西,更要重复地温习学过的东西,孔子又说:"温故而知新,可以为师矣。"(《为政第二》)从温习已经学过的知识,而领悟出新的意义,这样的人就可以做老师了,都是说做学问必须反复钻研才能够深入体会。但是这句话也可以解释为要交新的朋友,更要珍惜旧的友情,正如英文的一句老话:"Make new friends and keep the old, one is silver the other gold."

"有朋自远方来"指的是看到来自远方久别朋友的快乐,久别的朋友自然就是老朋友,也正是杜甫《赠卫八处士》的:"主称会面难,一举累十觞。十觞亦不醉,感子故意长。"但是,"有朋自远方来"也可以解释为从远方带过来的新知识,做学问工夫,要广要博,不能闭门造车,不能做井底之蛙,尤其是在今天又平又小的世界里,"有朋自远方来"不正是我们口口声声说的国际交流吗?

"人不知而不愠"是不要对不了解你的陌生人生气,孔子又说："可与言而不与之言，失人；不可与言而与之言，失言。知者不失人，亦不失言。"（《卫灵公第十五》）意思是可以和他谈话沟通的人却不和他谈话沟通，那就错失了人；不必和他谈话沟通的人却去找他谈话沟通，那是浪费口舌；有智慧的人不错失人也不多讲废话。从做学问工夫的观点来说，"人不知而不愠"也可以解释为假如别人不了解或者不同意你在学问上的观点和道理，要耐心地解释给他听，说服他。推而广之，孔子又说："当仁，不让于师。"（《卫灵公第十五》）意思是面临仁义的选择，即使是自己的老师也不谦让，这正是希腊哲学家亚里士多德所讲："吾爱吾师，吾更爱真理。"（Plato is dear to me, but dearer still is truth.）

## 吾日三省吾身

第二个例子是：曾子曰："吾日三省[1]吾身：为人谋而不忠乎？与朋友交而不信乎？传不习乎？"（《学而第一》）

我每天都自我检讨，帮别人做事时，是否尽心尽力？和朋友交往，有信守言诺吗？传授知识和道理，有好好地预习、复习吗？

---

[1] 省：检讨自己过去的缺失，从而改正和改进，省是进步的原动力。

《圣经·路加福音》、《圣经·马太福音》(第六章第四十一节)里,耶稣说:"为什么看见你兄弟眼中的刺,却看不见你自己眼中的梁木呢?"就是说出自省的重要性。

那么我们要反省什么呢?曾子指出三个面向:做事,要尽心尽力;对人,要信守言诺;传递给别人的消息信息,必须经过验证、确认。这三个面向也可以解释为做学问工夫的面向,做学问工夫要尽心尽力,发表研究结果必须遵守诚实、正确、不抄袭、不捏造的原则;对我们当老师的人来说,"传而不习"就是上课没有好好准备,误人子弟,辜负了家长对我们的期待,那就真的需要反躬自问、好好检讨了。

视其所以

第三个例子是:孔子说:"视其所以,观其所由,察其所安,人焉廋[1]哉?人焉廋哉?"(《为政第二》)

看一个人有三个不同层次的"看法",也有三个不同层次的"看什么",视就是看,观就是宏观地看,察是深入地看,"视其所以"就是看他的行为,"观其所由"就是宏观看他的原因,"察其所安"就是深入看他的居心。

---

[1] 廋:隐藏的意思。

行为是表面的，表面的行为是有形的，因此往往有它的效应和后果。捐款赈灾是个有正面效果的行为，可是捐款赈灾的原因是什么呢？是抵免税赋吗？是给朋友面子吗？是建立个人的名声和形象吗？捐款的内心出发点是什么呢？是出于怜悯吗？爱心吗？所以看一个人不能只看表面行为，还要宏观、深入地看他的原因和居心。

　　孔子说："听其言而观其行。"（《公冶长第五》）经由这三个层面的观察和了解，"人焉廋哉？"一个人就无所遁形，怎么能够隐瞒呢？孟子更加直接地说："有诸内，必形诸外。"（《孟子·告子》），"听其言也，观其眸子，人焉廋哉？（《孟子·离娄》）这不正是"眼睛是灵魂之窗"这句话的含意吗？《圣经·马太福音》里也说："眼睛是身上的灯。"

　　成事不说

　　第四个例子是：孔子说："成事不说，遂事不谏，既往不咎。"（《八佾第三》）

　　意思是已经决定的事就不要再讨论了，已经做了的事就不要再去规劝了，已经过去的事就不要再追究了。

　　《圣经·腓立比书》："忘记背后，努力向前，向着标竿直走。"英文里也有含义相似的说法："Water over the dam."就是"木已成舟"了。

三思而后行

第五个例子是:"季文子三思而后行。子闻之,曰:'再,斯可矣。'"(《公冶长第五》)

季文子是鲁国的大夫,他做事都要经过多次考虑才决定去做,孔子听到了说:"考虑两次,就够了。"这句话后来被曲解为"三思而后行"是孔子的教训,其实孔子说的是做事情不要莽撞,要小心考虑,但是考虑得太多,不但错失了时机,往往也会产生疑虑而动摇了原来的决定。英文里有double check这个词,就是再一次确认,也就是孔子说的"再,斯可矣"。

让我打一个岔。英文里,下棋时,check这个字是"将

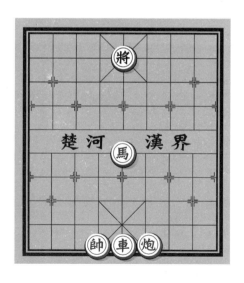

军"的意思，double check 就是走一步棋，将两个军。在下图的象棋局里，红马走"马五进四"就是 double check，红马也将军，红车也将军，而且在这盘棋里，黑将真的是走投无路，死定了！

## 老者安之，少者怀之

第六个例子是：孔子说："老者安之，朋友信之，少者怀之。"（《公冶长第五》）

子渊和子路陪伴在老师身旁，孔子说："你们每个人讲讲各自的愿望吧！"

子路说："愿意将车马和衣服与朋友共享使用。"

子渊说："希望不要夸耀自己的长处，不要宣扬自己的功劳。"同时接着问："那么夫子您的愿望呢？"

孔子说："老者安之，朋友信之，少者怀之。"就是老人都得到很好的照顾，朋友能够相互信赖，年轻人获得关怀，这可不是今天我们追求的充满爱的社会吗？

## 学而不厌

第七个例子是：孔子说："默而识之，学而不厌，诲人不倦。"（《述而第七》）

牢记自己学过的东西，努力学习而不厌烦，教诲别人而不知道疲倦，这正是做学问工夫，以及做老师的人应有的态度。

三月不知肉味

第八个例子是："子在齐闻韶，三月不知肉味，曰：'不图为乐之至于斯也。'"（《述而第七》）

孔子在齐国聆听"韶乐"，他说："没想到音乐会如此动人。"孔子对音乐是相当爱好和精通的，"韶乐"是虞舜太平和谐之曲，曲调优雅宏盛，可以说到达尽善尽美的境界。孔子听到韶乐的演奏三个月下来，连吃肉也分辨不出味道；与《大学》里讲到正心修身时说："心不在焉，视而不见，听而不闻，食而不知其味。"描述很相似。但是今日"三月不知肉味"这句话往往用来指"三个月没有吃肉了"！

祭肉不出三日

第九个例子是："祭肉不出三日，出三日，不食之矣。"（《乡党第十》）

意思是祭拜时奉献的肉不能超过三天，超过三天就不能吃了。很明显是因为古代没有冰箱，这是基本的卫生常识；

到了今天，我们不但有冰箱可以储存食物，顶级的牛排还要挂在冷藏库里二到四周，吃起来味道更香、口感更嫩，这个过程叫做aging，中文称为"熟成"。不过，"熟成"的过程不但需要技术，也要最好的牛肉才值得这么做，因此熟成的牛排价钱也贵很多。

## 三人行必有我师

第十个例子是："三人行，必有我师焉。择其善者而从之，其不善者而改之。"（《述而第七》）

意思是许多人之中，一定有值得我学习的人，有些是正面示范，有些是负面警惕。"师"不要狭义地解释为"老师"。唐太宗说："以铜为镜，可以正衣冠；以古为镜，可以知兴替；以人为镜，可以明得失。"孔子也说："益者三友，损者三友：友直、友谅、友多闻，益矣；友便辟、友善柔、友便佞，损矣。"（《季氏第十六》）都是这个意思。

## 知者不惑

第十一个例子是："知者不惑，仁者不忧，勇者不惧。"（《子罕第九》、《宪问第十四》）

"知"和"智"相通，"知"是知识，"智"是智能，有了知识和智能，就能够明事理、辨是非、识时势、知彼己，就能够做正确的选择和决定，不会被外界的事物迷惑；"仁"是爱心和关怀，能够用爱心和关怀待人，就没有担忧遗憾的地方；"勇"是对正确的事情无畏地进取，对错误和失败不犹豫、不退缩地改正，亦即孟子所说："自反而不缩，虽褐宽博，吾不惴焉；自反而缩，虽千万人，吾往矣。"（《孟子·公孙丑》）意思是自己反省而觉得没有道理，虽然面对的是个穿着粗布粗衣的平民，我能够不害怕吗？自己反省觉得有道理，虽然千军万马，我也勇往直前。

儒家思想里，仁是最高的理念，知和勇都是仁的支柱，宋朝文天祥在殉难前讲过："孔曰成仁，孟曰取义，唯其义尽，所以仁至。"《中庸》里，孔子又说："好学近乎知，力行近乎仁，知耻近乎勇。"

最后为大家讲一个网络上的笑话：孔子的英文名字是什么？孔子字仲尼，因此他的 first name 是 Johnny，而他周游列国，因此他的全名就是 Johnny Walker。

第二十一堂

# 孟子者,七篇止,
# 讲道德,说仁义。

　　《孟子》出生于公元前三七二年,约晚于孔子一百八十年。我们在前面讲过《三字经》有"孟母三迁"和"断机杼"的故事,孟子继承发扬了孔子的思想,被视为仅次于孔子的儒家宗师,而有"亚圣"之称。他曾和孔子一样,带领门徒游说各国,但同样不被当时各国君主接受,于是退隐和弟子一起著述,《孟子》搜集了他和弟子的思想言行,也在很多地方讲到孔子的思想言行。

　　《孟子》共有七篇,前面六篇都用一开始提到的人名为篇名,例如:《梁惠王第一》、《公孙丑第二》、《滕文公第三》等,第七篇则是《尽心第七》取自第一句"尽其心者,知其性也"。《孟子》说理通畅,气势充沛,发挥详尽,以下我也用"随机抽样"的方法找出一些孟子说过的话作为例子;但是要用什么原则来随机抽样呢? 我想孟子讲话善用譬喻,用事物来譬喻理念和原则,用小事来譬喻大事,因此就以"譬喻"为原则吧!

非不能而是不为

第一个例子：大家都记得《梁惠王第一》孟子和齐宣王对话的故事。当齐宣王看到一只要被送去宰杀的牛在颤抖时，他下令放了那头牛，换上一只羊代替。孟子对齐宣王说："有人跟王上您说，我的力量可以提起三千斤的重量，而不能提起一根羽毛；我的眼睛可以看到鸟兽在秋天新长出来的细毛末端，而看不到一车的柴，您会相信吗？"齐宣王说："当然不。"孟子说："那么，王上您的恩慈可以施于禽兽，而您的功德却不能到达老百姓，那是什么缘故呢？"又接着说："一根羽毛都提不起是不用力，一车的柴都看不见是不用眼，老百姓得不到照顾是不用恩。"

接下来，孟子讲到"不能"和"不为"的分别，他用"挟泰山以超北海"作为"不能"，"为长者折枝"作为"不为"的譬喻，然后说出结语："王上您没有统一天下，是不为，而不是不能。"

以仁治得民心

第二个例子：当梁惠王问孟子怎样的君主可以得民心而统一天下？他用了譬喻说："王知夫苗乎？七八月之间旱，则苗槁矣，天油然作云，沛然下雨，则苗浡然兴之矣。其如是，谁能御之？"王上您知道禾苗生长的状况吗？七八月天旱时，禾苗就要枯槁了，一旦天上乌云密布下起大雨，禾苗就会重新站起来，这一来谁能抑制阻挠它们呢？孟子用雨滋润禾苗，譬喻统治者用仁爱来照顾老百姓，老百姓就会归心拥戴，谁都不能阻挡。

孟子也讲过"揠苗助长"的故事："宋人有闵其苗之不长而揠之者。"（《公孙丑第二》）以及"缘木求鱼"的譬喻："以若所为，求若所欲，犹缘木而求鱼也。"（《梁惠王第一》）

## 以仁政平治天下

第三个例子："离娄之明，公输子之巧，不以规矩，不能成方圆；师旷之聪，不以六律，不能正五音；尧、舜之道，不以仁政，不能平治天下。"（《离娄第四》）

离娄是眼力非常精明的人，公输子是手艺非常精巧的人，但是他们没有圆规和尺，就不能做出圆形和方形；师旷是耳朵非常敏锐的人，如果没有制定六律的乐器作为标准，就不能正确地调节宫、商、角、徵、羽五音；因此即使有尧和舜的能力，没有仁爱作为领导的基本原则，也不能平定治理天下。圆规、尺、制定六律的乐器都是非常精准的，因此，仁爱的原则也是非常精准的，没有可以折中之处。

## 鱼与熊掌难得兼

第四个例子："鱼，我所欲也；熊掌，亦我所欲也。二

者不可得兼，舍鱼而取熊掌者也。生，亦我所欲也；义，亦我所欲也。二者不可得兼，舍生而取义者也。"（《告子第六》）

熊掌和鱼在中国古代都被视为美食，熊掌被称为"八珍"之一，八珍包含哪些有不同的版本，一般的说法有猩唇、驼峰、猴脑、豹胎、鹿筋等，这些东西是不是真的好吃倒也难说，不过，其中有许多已经属于保育动物，再加上吃法听起来残忍、恐怖，还是不吃为妙。

和"鱼与熊掌，不可兼得"意义相似的成语，中文里有"又要马儿肥，又要马儿不吃草"；英文里有"又要吃蛋糕，又要有蛋糕"（have one's cake and eat it too）；法文里有"又要有奶油，又要有卖奶油的钱"；德文里有"帮我洗脸，但是不要把我的脸弄湿"；波兰文里有"又要狼吃饱，又要羔羊好"等，各国谚语都有志一同地彰显了孟子说的原则：生和义不可得兼，舍生而取义也。

养身之识

第五个例子："拱把[1]之桐梓，人苟欲生之，皆知所以养之者。至于身，而不知所以养之者，岂爱身不若桐梓哉？弗

---

[1] 拱：两只手围拢；把：一只手握住；拱把：就是大大小小的意思。

思甚也。"(《告子第六》)

大大小小的桐树和樟树，如果人们希望它们生长起来，都知道怎样去栽培，而对于自身，却不知道去培养、修养，难道爱自己不如爱桐树、樟树吗？实在是太不可思议了。

## 仁胜不仁犹水胜火

第六个例子："仁之胜不仁也，犹水之胜火。今之为仁者，犹以一杯水，救一车薪之火也；不熄，则谓之水不胜火，此又与于不仁之甚者也，亦终必亡而已矣。"(《告子第六》)

孟子以水譬喻仁，火譬喻不仁，水可以胜火，仁也可以胜不仁；又用一杯水譬喻一点点仁的力量，一车柴的火譬喻庞大的不仁的力量，指出如今推行仁政的人，好比用一杯水去救一车正在燃烧的木柴，火不能熄灭，便说水不能灭火，这种说法比不施行仁政更为严重，只会让大众连信心都丧失掉。

## 有为者譬若掘井

第七个例子："有为者，譬若掘井，掘井九轫，而不及泉，犹为弃井也。"(《尽心第七》)

做事情就像掘井一样，掘了七十二尺，还没有找到水源，那么仍然是一口废井。《论语·子罕第九》："譬如为山，未成一篑，止，吾止也。"意思是譬如在平地堆土成山，没有堆上最后一筐土，这个时候停下来，是自己半途而废的；即是《尚书》里说的"为山九仞，功亏一篑"之意。

第二十二堂

# 作中庸，子思笔，
# 中不偏，庸不易。

我们接着来谈《中庸》这本书。以字数来算，《大学》有一千七百多字，《论语》有一万二千多字，《孟子》有一万四千多字，《中庸》有三千五百多字。《中庸》和《大学》一样，原是《礼记》的一章，朱熹特别把它们抽出来并列为"四书"；《中庸》是孔子的嫡孙子思写的，子思受教于曾参，子思的门人又把孔子的思想理念传授给孟子。

孔子、颜渊、曾参、子思和孟子一脉相承，有"儒家五圣"之称，以出生年份来算，孔子生于公元前五五一年，颜渊比孔子小三十岁，曾参比颜渊小二十岁，子思又比曾参小二十岁，算是典型在学术上一代传一代的时段间隔；而孟子出生在子思之后一百多年，因此子思的确在儒家思想里扮演了承先启后的角色。

## 不偏不易为中庸

北宋理学家程颐说:"不偏之谓中,不易之谓庸。中者,天下之正道;庸者,天下之定理。"

首先,这句话指出"中"是基本的理念和原则,"庸"是遵行、发挥这个理念和原则的态度。"中"就是不偏不倚,并不是没有意见,"中"有意见,甚至有坚决的定见,不偏不倚不只是避免极端、避免争议,不只是盲目的服从多数,更不是马马虎虎、迷迷糊糊,而是全面客观地思考,避免盲点、避免包袱。"庸"这个字按照程颐的说法,"不易"是既定地、恒久地、不会动摇或改变地遵行与发扬"中"的理念;但是"庸"也有另一个解释,那就是平和、不浮夸、不张扬、脚踏实地地遵行与发扬"中"这个理念。

我觉得读古人的书不必也不可斤斤计较哪一个是所谓"古人的原意",只要是并非相互悖谬的解释,兼收并蓄,何尝不就是"不偏不倚"呢? 其实在《中庸》一开始就说:"喜怒哀乐之未发,谓之中;发而皆中节,谓之和。"喜怒哀乐是人人都有的情感表现,奉行中庸之道的君子也会有情感;若是缺乏情感的人,就不能了解别人的情感,也不会懂得怎样和别人相处,更谈不上教导、领导别人了。但是喜怒哀乐的情感可以存放内心,寂然不动,因此就能不偏不倚、沉稳平和,那就是"中";同时,内在的情感也可以表达出来,既是自己修身之道,也是和别人沟通的方法。不过,情感的表达必须恰当,不可过分,就是"发而皆中节"的意思,能够把自己的情感恰当地表达出来,也能够体会甚至分享别人的情感,就是"和"。"和谐"就是和别人相处共事的大道理,我觉得"和"这个字也是《中庸》里"庸"字的一个解释。

让我举两个历史上的故事来说明中庸之道。

## 喜之未发谓之中

第一个是东晋谢安的"淝水之战"故事。三国时代结束,司马懿的孙子司马炎建立晋朝,定都洛阳,历史上称为西晋,司马炎就是晋武帝;但是,西晋仅维持五十二年就灭亡了。以后的一百多年则形成由晋元帝司马睿定都南京所建立的东晋,和在北方五胡十六国混战的局面。

淝水之战是十六国中的前秦和东晋之间的一场大战。淝水位于安徽省中部寿县附近,向西北流入淮河,向东南流入巢湖,是极具重要军事价值的一条河。前秦苻坚在相当短的时间内,统一了北方,自觉国力已足够强盛,打算南下攻击东晋,即使他手下的人劝阻称东晋有长江天险之利,他也不放在心上而豪气万千地说:"区区长江天险算什么,我拥有百万大军,只要士兵将他们的皮鞭投入长江,就足以阻断长江的流水了。"此即为"投鞭断流"这句成语的出处。

东晋太元八年，苻坚亲率步兵六十万，由他的弟弟苻融率骑兵二十七万为先锋，大举南征。当时东晋孝帝派谢安为征讨大都督，谢安派他的弟弟谢石领军，侄儿谢玄为先锋，但他们只有八万大军。出发之前，谢玄特别到谢安家去请示，谢安只是轻描淡写地回答："我已有安排了。"接下来，谢安请了一批朋友到山中的别墅下棋，并且开玩笑说要用这座别墅作为棋局输赢的赌注。

苻坚和谢玄的军队在淝水两岸对峙，苻坚中了谢玄的计谋，让谢玄带了八千精兵迅速渡过淝水，前秦的军队措手不及，苻坚中箭，苻融战死，军队失去指挥。当谢玄大败苻坚的捷报传回时，谢安正在和朋友下棋，他看完捷报，随手放在一边，不动声色地继续下棋，朋友实在忍不住好奇，询问是怎么一回事，谢安淡淡地回答："没什么，孩子们已经把敌人打败了！"棋下完了，朋友告辞之后，谢安才抑制不住心里的喜悦，手舞足蹈地经过门槛，把木屐底下的履齿碰断了都浑然不知。这就是"喜之未发，谓之中"的意思。


怒发中节谓之和


接下来讲战国时期唐雎不辱使命的故事。

安陵是战国时代的小国，原是魏国的附属，按照《战国策》记载，秦王派人向安陵君主说："我想用五百里土地来交换你的五十里土地，好吗？"当然秦王打的是如意算盘，希望不费一兵一卒巧取安陵君的国土。安陵君回答："大王把恩惠加在我身上，以大易小，太好了！可是，这片土地是从先王手上传下来，我要始终守护着，不敢用它来交换。"秦王听了很不高兴，安陵君就派了有名的策士唐雎去见秦王，希望事情能有缓颊余地。

唐雎到了秦国，秦王对他说："秦国已经灭了韩国和魏国，安陵这个小国到现在还能存在，只是因为我视安陵君为前辈，愿意用十倍的土地来交换，他还不答应，难道真的看不起我吗？"

唐雎说："不是，的确是因为这块土地是从先王手上传下来的，即使是一千里的土地也不敢拿来交换。"

秦王问唐雎："你听过天子之怒吗？"

唐雎答说："没有。"

秦王说："天子之怒，伏尸百万，流血千里。"意思当然是如果你将我惹毛了，我会出动大军将安陵国征服。

唐雎反问："大王您听过穿布衣的平民之怒吗？"

秦王不屑地说："布衣之怒不过是摘掉帽子，光着脚用头撞地来发泄而已！"

唐雎说："那是庸人之怒，不是读书人之怒，如果读书人被激怒，伏尸二人，流血五步，就是秦国上下都要穿上缟衣素服的日子。"

说罢挺胸而起要刺杀秦王，秦王脸色都变了，向唐雎说："请坐下来，何必如此？我现在明白了，韩国、魏国都灭亡了，可是只有五十里的安陵国却可以存活下来，那是因为有您这种人。"这就是"怒发而中节"之意。

## 忧虽深而不害于和

讲完喜和怒这两个情感，接下来我们讲哀和乐，也用两个例子。

第一个例子是《诗经》的第一首，也是大家很熟悉的《关雎》。

第一段："关关[1]雎鸠[2]，在河之洲。窈窕[3]淑女，君子好逑[4]。"翻成白话是"咕咕对唱的雎鸠，栖息在河里的沙洲，美丽善良的好姑娘，是小伙子心中的好配偶。"

---

[1] 关关：禽鸟和鸣对唱的声音。

[2] 雎鸠：一种鸟，据说这种鸟配偶固定，情意专一，因此用来譬喻男女恋人。

[3] 窈窕：美丽善良。

[4] 逑：配偶，伴侣。

第二段："参差[1]荇菜[2]，左右流[3]之。窈窕淑女，寤寐[4]求之。"翻成白话是"长短不一的荇菜，用双手一起采摘，美丽善良的好姑娘，时时刻刻都想将她追求到手。"

第三段："求之不得，寤寐思服[5]。悠哉[6]悠哉，辗转反侧。"翻成白话是"追求她却追求不到，在梦里想着她，想呀，想呀，翻来覆去，无法入睡。"

最后第四、五段重复第二段的句法，道出期待着经由弹琴、奏瑟、鼓钟、击鼓的音乐，和淑女亲近，博取她的欢心，这两段是这样的："参差荇菜，左右采之。窈窕淑女，琴瑟友之。参差荇菜，左右芼[7]之。窈窕淑女，钟鼓乐之。"

《关雎》是一首描写少年恋情的诗，里面充满了喜悦和爱慕的心情，坦诚中依然含蓄，即使其中有一丝苦衷。两千多年以前，圣人孔夫子评价这首诗："《关雎》这首诗乐而不淫[8]，哀而不伤。"意思是这首诗热情明快而有节制，哀婉但不伤感，正是中庸之道。朱熹在《论语集注》说这首诗表达

---

[1] 参差：长短不齐。

[2] 荇菜：一种水草，也就是苋菜，它们嫩叶可以食用，古代亦用来祭祀。

[3] 流：采摘。

[4] 寤：睡醒。寐：睡着。寤寐：时时刻刻。

[5] 思服：想念。

[6] 悠哉：深远。

[7] 芼：摘取。

[8] 淫：过分，失当。

的是"其忧虽深而不害于和,其乐虽盛而不失其正"。现今社会上,我们看到很多深爱转成伤害,欢乐转成罪恶的例子,不由得让我们再强调一次《中庸》里说的:"喜怒哀乐之未发,谓之中;发而皆中节,谓之和。"

第二个例子是王昌龄的诗《闺怨》:"闺中少妇不知愁,春日凝妆上翠楼。忽见陌头杨柳色,悔教夫婿觅封侯。"前两句是轻松而快乐,后两句是后悔但并不悲伤。

大家都知道rock and roll是一九四〇、五〇年代起源于美国的一种音乐风格,中文意译为摇滚乐,也有人把rock and roll音译为"乐与怒",这倒是个巧妙的翻译。把rock and roll这种用音乐来表达和宣泄快乐和愤怒的情感,表现得恰到好处,可不就是《中庸》里讲的那句话吗?

君子和而不流

接下来,我们再以随机抽样的方式,选读《中庸》里的经典名句。在此,我用的的规则是含有"不"这个字的语句。其实讲中庸之道时,这个抽样规则倒真有点道理,"中庸"不正是"不偏不易"吗?在许多例子里,"不"这个字真能把"中庸"的精神表达得很贴切。

第一个例子:子路问孔子"强"这个字的含义,孔子回答"和而不流",就是坚强的表征,也正是中庸的精髓;和而不流是指和谐待人，不排除有变通、调节的地方，但是必须坚守大原则，不能随波逐流；坚强不等于僵硬，但是绝对不是人云亦云。

"和"怎样拿捏，绝对不比"不流"容易，甚至可能比"不流"困难。很多情形之下，"和"往往是相对的，而"不流"往往是绝对的，"和"做得不够就没有效果，过了头就是原则的溃败和丧失。这正是以下我们会讲到的"过犹不及"之意。

子夏在《论语・子张第十九》说："大德不逾闲，小德出入可也。"意思是大节上不能逾越界限，但是小节上有些出入是可以接受的，这也正是"和而不流"的意思；但是也和前面所讲的大德、小德相似，必须以大原则为标准和依归。

讲个笑话：有个人自称是不怕老婆的大丈夫，家中一切大事都由他决定，其他小事才由老婆决定，但什么事是大事、什么事是小事呢？他回答说："那就由老婆来决定。"推而广之，对一个国家而言，军事和外交固然是大事，但是，贪污和贿赂也绝不能视为小事来处理。

接下去，孔子又说"中立而不倚"，就是坚强的表征，当然这句话就是《中庸》最基本的理念"不偏不易"；但接着"和而不流"这句话讲下来，作为一个坚强、坚定的领导者，必须有聆听了解、甚至接受不同意见和建议的器量，因此，被意识形态绑架而一意孤行，被"名嘴"和"媒体"鼓噪而失去主见，都不是深悟"和而不流"之道的强者。

## 过犹不及

第二个例子：中庸之道为什么得不到阐明呢？因为"知者过之，愚者不及也"，聪明的人以为自己很懂了，就不再用心去钻研；愚笨的人则是根本不懂。中庸之道为什么得不到实行呢？因为"贤者过之，不肖者不及也"，有才能的人认为不值得去实行，没有才能的人根本缺乏实行的能力。

子贡问孔子："子张和子夏，谁比较贤能呢？"

孔子说："子张过度了，子夏却不及。"

子贡说："这样说来，子张比子夏好吧？"

孔子说："过犹不及。"意思是过度和不及都同样有缺失不足的地方。

子张和子夏都是孔子的学生，子张就是颛孙师，子夏就是卜商。子张才高意广，性格比较偏激；子夏笃信谨守，规模比较狭隘。《论语·先进第十一》："柴也愚，参也鲁，师也辟，由也喭。"其中的"师也辟"一句说的就是子张的个性偏激。

## 君子素其位而行

第三个例子；孔子说："君子素其位而行，不愿乎其外。"意思是君子安于现在所处的地位去做分内的事,不生非分之想。许多人往往把《中庸》里的话消极解读,把这句话解读为"君子应该安分守己,划地自限",我认为这是把"分内的事"做了狭义的解释,君子分内的事是"修身、齐家、治国、平天下",君子分内的事是没有限度、没有止境的。之后孔子重复强调:"故君子不可以不修身;思修身,不可以不事亲;思事亲,不可以不知人;思知人,不可以不知天。"

中庸之道是"依照现在的环境和条件,按部就班来进行、实现",正是《孟子·尽心第七》所说:"穷则独善其身,达则兼善天下。"也正是范仲淹《岳阳楼记》说的"居庙堂之高则忧其民,处江湖之远则忧其君"这两句话的意思。


不陵下,不援上


第四个例子:孔子说:"在上位,不陵下;在下位,不援上。"意思是在高位的人不欺压在下位的人,在下位的人不攀援在高位的人。"上位"和"下位"这两个词包含许多不同的层面,例如:权力、财富、学问、遭遇,甚至得意和失意、快乐和悲伤等;"陵"和"援"这两个字也包括许多不同的层面,"陵"包括欺负、打压、炫耀、蔑视、不开心等,"援"包括攀援、巴结、谄媚、害怕等。我要强调的是"中庸之道"并不是不知道、不理会"上位"和"下位"的分别，而是重视、适当地处理"上位"和"下位"之间的关系。

给诸位猜个谜语，"在上位，不陵下；在下位，不援上"，请猜一个字。

答案是"卜"字，因为卜字是上字里头少了下面一横，是下字里头少了上面一横。

## 君子之道淡而不厌

第五个例子：孔子用《诗经·卫风·硕人》里的"衣锦尚絅[1]"来说明"君子之道，淡而不厌，简而文，温而理"，意思是君子做人的道理，看来平淡却不会令人乏味、厌烦，看来简单却充满文采，有温情也有理性，这就是中庸之道。

台风屡屡重创兰屿，有人用"外面穿西装，里头穿丁字裤"作为譬喻，表达兰屿的重建可以在传统和现代化中间找到平衡点，正和"衣锦尚絅"的说法有相呼应之处。

按照我随机抽样的规则，《中庸》里还有许多大家耳熟能详的名句，例如："上不怨天，下不尤人"、"凡事豫则立，不豫则废"、"君子不动而敬，不言而信"。也有在随机

---

[1] 絅：单层的衣服。衣锦尚絅：在锦绣华服的外面盖上一件麻布制的单衣。

抽样规则之外的，例如："辟如行远必自迩，辟如登高必自卑"、"好学近乎知，力行近乎仁，知耻近乎勇"、"人一能之，己百之；人十能之，己千之。果能此道矣，虽愚必明，虽柔必强"等。

作大学,乃曾子,
自修齐,至平治。

在"四书"里我们最后讲《大学》,这本书是孔子的大弟子曾参和他的学生写的,曾参是出了名的孝子。《大学》只有一千七百多个字,里面讲的许多观念,可说是历久弥新。大学是大人之学、大事之学,书里曾子提出"明德、亲民、至善"三个纲领和"格物、致知、诚意、正心、修身、齐家、治国、平天

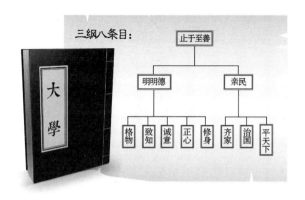

下"八个条目。

《大学》一开始就提出三个纲领:"大学之道在明明德,在亲民,在止于至善。"第一个"明"字是动词,是彰显的意思,明德是光明的人性,明明德就是要发挥与生俱来的善良、光辉的人性;在亲民的"亲"字有人说是亲近之意,也有人说和"新"字通,是求新的意思,其实不必拘泥于哪一个选择,亲民就是和大家一起,不断革新求进步,不要被旧的观念和习惯所拘束;在止于至善就是以到达最完善的境界为目的,不可以半途而废。

接下去指出"格物、致知、诚意、正心、修身、齐家、治国、平天下"这八个条目,其中最重要的枢纽是"修身"(自天子以至庶人,壹是皆以修身为本)。齐家、治国、平天下是一个人外在的行为,格物、致知、诚意、正心是一个人内在的行为,格物、致知是培养能力的基础,诚意、正心是培养道德的基础,一个人要靠内在的行为达到修身的目的。人是群体生活里的基本分子,从每个人都能修养好自身的道德和培养好自身的能力开始,才能逐步提升到齐家、治国、平天下。

治国、平天下不要狭义地解释为指当皇帝、选总统,也应包括在企业、政府、社会上扮演谋求共同福祉的领导者,正是《孟子·尽心第九》里所说:"穷则独善其身,达则兼善天下。"

我曾经为台湾行政主管部门的毛治国先生写了一副对

联："烹小鲜,期君示我;平天下,舍公其谁。"横批是:"伊吕长才。"上联取自老子《道德经》"治大国如烹小鲜"句。

## 识人用人以才德

司马光《资治通鉴》里也讲到"才"和"德"：

"夫聪察强毅之谓才,正直中和之谓德。才者,德之资也;德者,才之帅也。"所谓才,是指聪明、细致、刚强、坚毅;所谓德,是指正义、刚直、公正、平和。才,是德的辅助;德,是才的统帅。

"是故才德全尽谓之圣人,才德兼亡谓之愚人,德胜才谓之君子,才胜德谓之小人。凡取人之术,苟不得圣人、君子而与之,与其得小人,不若得愚人。"所以,德才兼备的人称为圣人,无德无才的人称为愚人,德胜过才称为君子,才胜过德称为小人。但凡挑选人才,一定要挑选圣人、君子来重用,与其为了才智而挑选小人,不如挑选愚人。

"愚者虽欲为不善,智不能周,力不能胜,譬如乳狗搏人,人得而制之。小人智足以遂其奸,勇足以决其暴,是虎而翼者也,其为害岂不多哉!"愚人尽管想作恶,因为智慧不够,能力不能胜任,好像小狗咬人,人还能制服它;而小人既有足够的智慧来发挥邪恶,又有足够的力量来逞凶施暴,就如恶虎添翼,他的危害可就大了!

"故为国为家者，苟能审于才德之分而知所先后，又何失人之足患哉！"所以治国、治家如果能够审察才与德两种不同的标准，而分出选择的先后，又何必担心没有足够的人才呢？

孝经通，四书熟，
如六经，始可读。

　　古代的孩子在启蒙阶段，除了"四书"，还有别的经典文学要读，中国经典文学有统称"十三经"的说法，也有"四书五经"的说法，《三字经》的规则是先读《孝经》，然后读"六经"。

　　《孝经》全文十八章，共有一千八百多字，一说是孔子所著，另一说是孔子的门人写的。《孝经》以"孝"为中心，阐述儒家的伦理思想，"孝"的观念以"子女和父母之间的关系为出发点"，从而推广到人和人之间的关系，所以《孝经》一开始就说："夫孝，德之本也，教之所由生也。"意思是"孝"是一切美德的根本、所有行为的规范。父母和子女之间的关系，是人和人之间最特殊的关系，经由这个关系培养出来的，不仅只是一个人对父母亲孝顺的态度和行为，而且是对任何人尊敬、感激、爱护、关怀、体恤和了解的态度和行为。

《孝经》里有五章分别阐述天子之孝、诸侯之孝、卿大夫之孝、士子之孝，以及庶人之孝；孝的真谛是"博孝"，正如《礼记·礼运》说："故人不独亲其亲，不独子其子。"可惜在古时候，"孝"的观念往往被过分狭窄地、单向地限制于子女对父母的态度和行为；再加上"孝"的观念延伸到"忠"的观念，也只是狭窄地、单向地限制于臣子对君主的态度和行为，所谓"求忠臣必于孝子之门"，因此到了二十世纪，"反封建"和"非孝"的说法就往往被绑在一起，这倒是犯了断章取义的毛病了。

## 二十四孝的延伸

鲁迅有一篇文章《二十四孝图》，用自己看过长辈送给他的《二十四孝图》作为例子，指出用白话文写，加上绘图说明的儿童读物的教育价值。我认为这篇文章有两个层面，一是活泼生动的儿童读物的吸引力和重要性；另一是他看到二十四孝故事里，片面地、表面地描述子女孝顺父母的行为之不足，是一篇用幽默笔触写的短文，实在不必被看成"非孝"的论述。

胡适有首短诗，题目是《我的儿子》：

我实在不要儿子，

儿子自己来了。

"无后主义"的招牌，

于今挂不起来了！


譬如树上开花，

花落偶然结果。

那果便是你，

那树便是我。

树本无心结子，

我也无恩于你，

但是你既来了，

我不能不养你教你，

那是我对人道的义务，

并不是待你的恩谊。

将来你长大时，

莫忘了我怎样教训儿子；

我要你做一个堂堂的人，

不要你做我的孝顺儿子。


　　同样地，胡适这首诗也不必硬被看成"非孝"的论述。

　　《孝经》里孔子开宗明义地说："身体发肤，受之父母，不
敢毁伤，孝之始也。""立身行道，扬名于后世，以显父母，孝之

终也。"这就是《大学》里对君子"修身、齐家、治国、平天下"的期待，和胡适说的"我要你做一个堂堂的人"是一致的，至于他说"不要你做我的孝顺儿子"，我的解释是"光是做一个狭义的、片面的孝顺儿子是不够的"。

# 诗书易，礼春秋，
# 号六经，当讲求。

念完《孝经》，接下来是"六经"。

"六经"是《诗经》、《书经》（也称《尚书》）、《易经》（也称《周易》）、《周礼》、《礼记》、《春秋》。不少学者认为这六部经在中国文化史上各占了一个第一，《诗经》是第一部诗歌总集，《书经》是第一部历史文献总集，《易经》是第一部科学经典，《周礼》是第一部组织管理和典章制度总集，《礼记》是第一部文化资料的汇编，《春秋》是第一部编年史。

让我引用韩愈在《进学解》里精辟生动的说法，作为对"六经"的总评，他说：

上规姚姒[1]，浑浑无涯[2]。周诰[3]殷盘[4]，佶屈[5]聱牙[6]。
《春秋》谨严，《左氏》浮夸。《易》奇而法，《诗》正而葩[7]。

"上规姚姒，浑浑无涯。周诰殷盘，佶屈聱牙"，是说《尚书》这本书很难看得懂，很难念得顺。"《春秋》谨严，《左氏》浮夸"，是说孔子写的《春秋》用字不苟，一褒一贬都非常严谨，但是左丘明的《春秋左氏传》却是文辞铺陈得很华丽，讲故事很会吹嘘。"《易》奇而法"，是说《易经》奇妙而有法则。"《诗》正而葩"，是说《诗经》的思念纯正，正如《论语·为政第二》说："《诗》三百，一言以蔽之，曰：'思无邪。'"

《礼记·经解第二十六》对《诗》、《书》、《乐》、《易》、《礼》和《春秋》这六本经典的教育功能有非常精辟的见地，让我做个澄清，《乐经》在秦始皇焚书时已经失传，只剩下"五经"；不过《三字经》把《周礼》加进来作为

[1]　姚：虞舜的姓。姒：夏禹的姓。姚姒：指《尚书》的《虞书》和《夏书》。

[2]　浑浑无涯：深远无边。

[3]　周诰：指《尚书》的《周书》。

[4]　殷盘：指《商书》里的《盘庚》篇，用来指《尚书》的《商书》。

[5]　佶屈：文句曲折不顺。

[6]　聱牙：读起来不顺口。

[7]　葩：花，指《诗经》的辞藻华丽。

"六经"。

《礼记·经解第二十六》说:

研读《诗经》,让一个人变得温柔敦厚;

研读《书经》,让一个人变得明理深远;

研读《乐经》,让一个人变得坦诚开放;

研读《易经》,让一个人变得沉静含蓄;

研读《礼记》,让一个人变得恭俭严谨;

研读《春秋》,让一个人变得能言善道,可以古喻今。

也指出,如果研读这些经典一知半解或者走火入魔,反而有负面的作用:

没有深入地把《诗经》学好,后果是肤浅可笑;

没有深入地把《书经》学好,后果是容易被错讹的数据误导;

没有深入地把《乐经》学好,后果是轻浮夸张,奢侈颓靡;

没有深入地把《易经》学好,后果是狡猾多变;

没有深入地把《礼记》学好,后果是重形式,逃脱不了无谓的烦琐;

没有深入地把《春秋》学好,后果是兴风作浪,制造乱源。

英国哲学家培根(Francis Bacon)的名言,曾被延伸为:

读诗词,让一个人变得风趣;

学哲学,增加一个人的深度;

学逻辑和修辞,让一个人变得能言善道、辩才无碍;

学数学,让一个人变得缜密精准;

钻研道德，让一个人变得严肃；

读历史，增加一个人的智慧。

不也是所见略同吗？

第二十六堂

# 有连山，有归藏，
# 有周易，三易详。

　　先讲"六经"里的《易经》。一般认为《易经》起初是占卜用的书，但是它的影响遍及中国的哲学、宗教、医学、天文、算术、文学、音乐、艺术、军事和武术。《易经》原有三个版本：《连山易》是夏朝的占卜书，《归藏易》是殷商的占卜书，《周易》是周朝的占卜书。

　　《易经》的中心思想是以阴和阳两者之间的差异、调和以及变化，描述世界万物动和静的状态，大家都听过"太极生两仪，两仪生四象，四象生八卦"的说法，用今天计算机科学的语言来说，就是二进制，有了 0 和 1，就可以用来代表数学、文字、语言、图片和颜色等。

　　对"易"这个字，东汉郑玄有一个精辟的解释，他说"易"字有三个面向："简易"就是顺乎自然、简单容易，"变易"就是时时都在变，而"不易"就是恒常不变。

有典谟,有训诰,
有誓命,书之奥。

接下来我们讲《书经》。《书经》也称《尚书》,"尚"是上古之意。《尚书》是谁编纂的呢? 有不同的说法,也有学者相当肯定地认为是孔子编纂的。《尚书》是一本多体裁文献的汇编,它的体裁和相关的内容,可以分成:

一、典:典是常道的意思,主要用于重要史实的记载。

二、谟:谟是谋略计划的意思,主要用于君臣之间对治国谋略的策划和讨论。

三、训:训是说教的意思,是大臣向君王进言,开导君王的话。

四、诰:诰是告诫的意思,是君王对大臣勉励训诫的话。

五、命:命是任使的意思,是君王对大臣的命令。

六、誓:誓是约束的意思,是君王讨伐叛逆,训勉士卒的文告。

依照时间来看，《尚书》记载的内容包括尧舜、夏、商、周四代，可分成：

一、虞书：有尧让位给舜时，尧所作的《尧典》，描述他在位时的政治体制、政治思想和社会制度。

二、夏书：有夏禹写的有关中国地理的《禹贡》。

三、商书：有商汤把夏桀打败之后写的《汤诰》，其中有向诸侯述说夏桀的罪恶和推翻夏桀的理由。

四、周书：有周武王起兵伐商，在牧野之战誓师出发时写的《牧誓》。

我周公,作周礼,著六官,存治体。
大小戴,注礼记,述圣言,礼乐备。

《礼记》收集了孔子的学生和战国时期儒家学者的作品,汉朝学者戴德编成八十五篇的《大戴礼记》,后来他的侄儿戴圣删减编成四十九篇的《小戴礼记》;《大戴礼记》已部分失传,《小戴礼记》即今之《礼记》。

《礼记》有好几篇非常重要的文章,包括大家熟悉的《礼运》篇,以及朱熹特别从中抽出来的《大学》和《中庸》两篇。我们还是挑选出一些重要的语句来介绍。

《学记》篇阐述了许多重要的教育理念,例如:"玉不琢,不成器。人不学,不知道。"意思是玉石不经过雕琢,不能够变成好的器物;人不经过学习,就不会明白道理。

"学然后知不足,教然后知困。知不足,然后能自反也;知困,然后能自强也。故曰:教学相长也。"意思是经过学习才知道自己学问的不足,透过教人才能够体会到学问里的困

惑疑难之处；知道自己学问的不足，才会反过来严格地要求
自己，体会到困惑疑难之处，然后再更加努力，因此说教和学
是互相长进的。

# 曰国风,曰雅颂,
# 号四诗,当讽咏。

　　接下来介绍《诗经》。《诗经》是中国最早的诗歌总集,它收集了从西周初年到春秋中期大约五百年间(约为公元前一千年到前五百年),黄河、长江流域各地的诗歌,一共有三百零五篇,分成《国风》、《大雅》、《小雅》和《颂》。在前面我们讲过一副对联"三光日月星;四诗风雅颂",之所以对得起来,就是因为"雅"包括《大雅》和《小雅》。希腊诗人荷马(Homer)也大约在公元前八百年写了《伊利亚特》(Iliad)和《奥德赛》(Odyssey)两首有名的史诗。

　　《论语·阳货》里,孔子告诉弟子们为什么要读《诗经》,孔子曰:"《诗》可以兴,可以观,可以群,可以怨。迩之事父,远之事君;多识于鸟兽草木之名。"意思是《诗》可以用来即景抒发感情,可以用来观察了解天地万物和人间万象,可以用来交往朋友,可以用来讽刺评论时事政治、发泄牢骚；近可以用来表达对父母的敬爱，远可以用来侍奉君王，而且还可以多学到一些鸟兽草木的名字。

我也找了一些西方诗人对诗词的名言来比对。

诗词是把欢乐和现实结合起来的艺术。(Poetry is the art of uniting pleasure with truth.)——塞缪尔·约翰逊(Samuel Johnson)

诗词是一面把被扭曲的美丽还原的镜子。(Poetry is a mirror which makes beautiful that which is distorted.)——雪莱(Percy Bysshe Shelley)

诗词是在呼吸的意念和在燃烧的字句。(Poetry is thoughts that breathe and words that burn.)——托马斯·格雷(Thomas Gray)

《诗经》名句赏析

接下来选读一些《诗经》的名句：

桃之夭夭 [1]，灼灼 [2] 其华 [3]。之子 [4] 于归 [5]，宜其室家！(《国

---

[1] 夭夭：茁壮。

[2] 灼灼：红艳。

[3] 华：花。

[4] 之子：这个好孩子。

[5] 于归：指出嫁（于是助词）。

风·周南·桃夭》)

桃树在茁壮生长，它火红的花朵开得正盛，这个姑娘要出嫁了，一定能使她的新家和顺。"之子于归，宜其室家"是婚礼上常用的祝贺字句。

摽有梅[1]，其实七[2]分。求我庶士[3]，迨[4]其吉分！

摽有梅，其实三分。求我庶士，迨其今分！（《国风·召南·摽有梅》）

树上梅子纷纷坠落，还有七成啊！喜欢我的小伙子，相亲趁着吉日良辰，莫错过。树上梅子纷纷坠落，只剩下三成了，喜欢我的小伙子，今日相亲要趁早啊！

从七成改成三成，从吉日改成今天，妙趣横生。"摽梅迨吉"也是在婚礼上常用的祝贺字句。"摽梅之年"就是指适合结婚的年龄。

中国文学里也有很多用植物来代表女性年龄的例子，

---

[1] 摽：坠落。摽梅：梅子已经成熟坠落，比喻女子已经到了出嫁的年龄。

[2] 七：七成，是多的意思。

[3] 庶士：未婚男子。

[4] 迨：趁着。

"豆蔻年华"是指十三岁的女性,源自杜牧的诗:"娉娉袅袅十三余,豆蔻梢头二月初。""破瓜年华"是指十六岁,因为瓜字可以分成两个八字。"花信年华"是指二十四岁,因为按照节气季节的规律,小寒到谷雨共有八个节气,每个节气十五天,一个节气又分为三节候,每五天一节候,这段时间的一百二十天分成二十四节候,每个节候都有对应时间开花的代表植物,称为二十四番花信风。

野有死麕[1],白茅包之。有女怀春,吉士[2]诱之。(《国风·召南·野有死麕》)

郊野有只打死的獐,用洁净的白茅把它包裹起来。有位少女怀着春情,英俊的美少年逗引她。

死生契[3]阔[4],与子成说[5]。执子之手,与子偕老。(《国风·邶风·击鼓》)

---

[1] 麕:獐。

[2] 吉士:美少年。

[3] 契:合。

[4] 阔:离。

[5] 成说:约定。

不管生死离别，曾经和你立下誓约，握住你的手，愿和你白头到老。

这是一首久居边疆外士卒怀念当年和妻子诀别时的情景。其实原诗充满了凄凉的味道，可是现在婚礼上，我们却常用"执子之手，与子偕老"来作为祝福的话。

式[1]微，式微！胡不归？微君之故，胡为乎中露！（《国风·邶风·式微》）

太衰弱啦！太衰弱啦！为什么还不回国？要不是为了国君您的缘故，为什么还会在露水中等待？

相[2]鼠有皮，人而无仪。人而无仪，不死何为？
相鼠有齿，人而无止[3]。人而无止，不死何俟[4]？
相鼠有体，人而无礼。人而无礼，胡不遄[5]死？（《国风·墉风·相鼠》）

---

[1] 式：语助词，没有意义。

[2] 相：看。

[3] 止：亲密举止。

[4] 俟：等待。

[5] 遄：快。

看那老鼠还有张皮，有些人却不讲礼仪，做人不讲礼仪，为什么不死掉算了呢？看那老鼠还有牙齿，有些人却不要脸，做人不要脸，不死还要等到什么时候？看那老鼠还有身体，有些人却不讲礼貌，做人不讲礼貌，为什么不快快死掉呢？

硕人[1]其颀[2]，衣锦褧衣[3]。……巧笑倩[4]兮，美目盼[5]兮。（《国风·卫风·硕人》）

贵人身材修长，穿上绣花衣裙披上罩衣。迷人的笑容好漂亮，美丽的双眸眼波流动。

投我以木桃[6]，报之以琼瑶[7]。匪报也，永以为好也！（《国风·卫风·木瓜》）

---

[1] 硕人：指美人。

[2] 颀：修长。

[3] 褧衣：用麻布制成单薄的罩衣。

[4] 倩：酒窝。

[5] 盼：眼睛黑白分明。

[6] 木桃：甜桃。

[7] 琼瑶：美玉。

你抛给我一个甜桃，我拿美玉来回报。不是为了回报而回报，是想永结情好。

行迈靡靡[1]，中心摇摇。知我者，谓我心忧；不知我者，谓我何求。(《国风·王风·黍离》)

走路的步子迈不开，心中恍恍摇动，了解我的人说我心里有忧愁，不了解我的人还以为我有什么想要寻求。

一日不见，如三月兮！一日不见，如三秋兮！一日不见，如三岁兮！(《国风·王风·采葛》)

这是男女相思之诗。

风雨凄凄，鸡鸣喈喈。既见君子，云胡不夷[2]？
风雨潇潇，鸡鸣胶胶。既见君子，云胡不瘳[3]？
风雨如晦，鸡鸣不已。既见君子，云胡不喜？(《国风·郑风·风雨》)

---

[1] 靡靡：迟缓貌。

[2] 夷：平也，引申为愉快。

[3] 瘳：病愈。

风吹雨泼有寒意,雄鸡喔喔声声啼,终于盼见了夫君,怎能叫我不开心?风吹雨泼沙沙响,雄鸡喔喔声声啼,终于盼见了夫君,怎能不治愈我的相思病?风吹雨泼昏如夜,雄鸡喔喔啼不住,终于盼见了夫君,怎能叫我不欢喜?

岂曰无衣?与子同袍。王于兴师,修我戈矛,与子同仇!(《国风·秦风·无衣》)

谁说没有衣服,我和你同穿一件战袍。天子下令发兵,修好我的戈和矛,我和你有共同的仇要报。

诗既亡,春秋作,
寓褒贬,别善恶。

我接着简单地介绍"六经"中的《春秋》。

让我先澄清一个问题:春秋不是中国历史的一段时期吗?公元前十一世纪,周武王(姬发)推翻了宠爱妃子妲己、过着荒淫生活的商纣王,建立了周朝;四百多年之后,公元前七七一年,为了博得褒姒一笑,点燃烽火戏诸侯的周幽王(姬宫涅)被犬戎所杀,周朝灭亡,史称西周。

周幽王死后,诸侯拥立原先被废的太子宜臼为周平王,仍然挂着周天子的名号,直到公元前二二一年秦始皇统一中国为止,史称东周。在这五百多年里,周实际上已是个小国,诸侯各国日渐强大,所以历史上把这段时间分成两段,称为春秋时期和战国时期。

春秋时期大约是公元前七七〇年到公元前四七六年,那时势力最大的诸侯国以所谓春秋五霸:齐桓公、宋襄王、晋文公、秦穆公、楚庄王为代表人物,也有历史学家加上吴王夫差、越王勾践。战国时代大约是公元前四七六年到公元前二二一年,以所谓战国七雄:齐、楚、燕、赵、韩、魏、秦为代表。

中国早期原本没有史官的位置,直至春秋时代始有人负责记录和编撰史书,按照年、月、日的时间顺序,把历史事件一一记录下来,这种体裁叫做编年体,史书统称"春秋",因为春秋代表一年四季。

孔子出生的鲁国是西周时分封的诸侯国,从西周到东周,公元前一千年左右延续到公元前二五六年,鲁国在东周初期还是个强国,后来逐渐衰微。孔子按照鲁国史官从公元前七二二年(鲁隐公元年)到公元前四八一年(鲁哀公十四年)所记载诸侯各国的历史,编纂修订成《春秋》一书;因此史学家把这段从公元前七七〇年(东周周平王登位)到公元前四七六年(东周周元王登位)的时期,称为"春秋时期"。

第三十一堂

三传者，有公羊，
有左氏，有穀梁。

孔子写的《春秋》相当简明扼要，后来有不同的人加以
注释和补充，其中最有名的三个版本是公羊高编的《公羊
传》、穀梁赤编的《穀梁传》和左丘明编的《春秋左氏传》，合
称为"《春秋》三传"。不同的学者对这三个版本有不同的评
价，一说是《左传》对历史的记载比较详尽，说故事、写人物
都很生动有趣；《公羊传》和《穀梁传》说理比较深入，可是史
实往往有错误的地方。

《古文观止》从《春秋》三传中，特别是《左传》，共选了
三十多篇文章，其中有许多是大家熟悉的历史故事。让我先
来讲《古文观止》第一篇选自《左传》的《郑伯克段于鄢》。

郑武公是春秋初期郑国雄才大略的君主，他在中国娶了
一位姓姜的女子为妻，因此她被称为武姜，武姜生了两个儿
子，大儿子出生时难产，武姜受惊，所以把这个儿子取名为

"寤生"（即是"逆生"的意思，指婴儿出生时脚先出来），另一个儿子叫做"段"。武姜不喜欢大儿子，偏爱小儿子，多次向郑武公请求立段为世子，郑武公没有答应，还是让寤生继承了王位，就是郑庄公。

郑庄公即位之后，武姜要求他分封一块地给段，郑庄公的臣子说："这块地在比例上太大了，不符合先王的法度，也是对国家的危害。"

郑庄公说："母亲要这样做，我还能说什么呢？而且多行不义必自毙。"

随后，段继续扩张管辖的地区，臣子又说："一国不堪二主，您得除掉他，不要让民心动摇。"

郑庄公说："不必了，他会自取灭亡的。"段继续扩张他的势力范围，不过郑庄公还是说："对君主不义，对兄长不亲，都不是民心之所向，即使土地再大，还是要崩溃的。"

段修筑城墙，集中兵力，准备好兵马战车要袭击郑庄公，而且武姜准备打开城门作为内应，郑庄公认为是出手的时候了，派了大军把段赶走，段最后投奔共国，因此后来大家叫他"共叔段"。

郑庄公把母亲武姜流放到郑国的边疆，并发誓说："不到黄泉，再也不相见。"但是这句话说出口之后，他很后悔，一个臣子听到这件事，就趁郑庄公赐宴的机会，刻意把肉放在一边不食，郑庄公问为什么，他说："我有高堂老母，她从来没有尝过君王赏赐的食物，所以恳请您让我把肉打包带回去给她品尝。"

郑庄公感叹说："你还有母亲能够奉养，繄[1]我独无。"

这位臣子就帮他想了个主意，他说："王上不必忧虑，只要在地下挖一条隧道，挖到泉水涌出，你们母子在隧道里相见，谁还会说什么呢？"

郑庄公听从了他的建议，进入隧道里看到母亲，高兴地赋诗说："大隧之中，其乐也融融[2]。"

武姜在隧道里到看到儿子之后，走出来高兴地赋诗说："大隧之外，其乐也泄泄[3]。"于是母子和好如初。

有一首有名的老歌《天伦歌》，开始几句是："人皆有父，翳我独无？人皆有母，繄我独无？白云悠悠，江水东流；小鸟归去已无巢，儿欲归去已无舟。"

---

[1] **繄**：句首助语词，唯有的意思。

[2] 融融：和乐融洽。

[3] 泄泄：舒畅愉快。

第三十二堂

经既明,方读子,撮其要,记其事。
五子者,有荀扬,文中子,及老庄。

　　除了儒家的"六经"之外,也要读"诸子百家"著作,《三字经》特别提出五个人的著作:"五子者,有荀扬,文中子,及老庄。"包括儒家思想的重要人物荀子(战国时期的哲学家和文学家)、扬雄(字子云,汉代文学家、思想家)、王通(隋朝大儒,门人尊称为文中子),以及道家的代表人物老子和庄子。老子出生于公元前六百年左右,在孔子之前,庄子大约和孟子同时。我不在此一一讲他们的著作和故事,要谈的是中国文化思想发展的过程中,春秋战国时代"百家争鸣",和汉武帝时代"罢黜百家,独尊儒术"的先后发展。

　　春秋战国时代,社会处于大变革时期,因而产生了各种思想流派,这些学者们著书、讲学、互相论战,就是所谓"百家争鸣",百家争鸣现象的发生有几个因素:

　　第一是学术自由。思想领袖纯粹以学术为出发点,无拘无束地发挥他们的见解。

第二是政治支持。春秋战国时期，诸侯林立，强大的也好、弱小的也好，诸侯国君主或者想从有智慧的学者身上学到治国之道，甚至想具体地推行他们的理念；或者想利用学者的地位来巩固他们的政权；或者想透过学者的管道去和其他诸侯拉关系。反过来，学者同时或理想或功利地希望把他们的思想和理念灌输给有政治力量的统治者。

第三是经济发展。那时，经济已有了相当大的发展，学者在温饱之外，有时间和机会从事学术研究之工作，还可以广收门徒，周游列国。

第四是文化松绑。过去贵族垄断文化和学术的局面被打破了，文化和学术往社会下层扩散，参与学术研究和讨论的人层面更广、数目更多。

第五是科技进步。科学技术包括天文学、数学、光学、声学、力学、医学等的进步引起了学者的兴趣，去明了和解释许多自然现象。


各家主张及发展


所谓诸子百家里，最重要的几家：

第一是儒家：儒家创始人是孔子，他的理论核心是"仁"，首创"私人兴学"，广收门徒，而且主张"有教无类"，认为人人都应该有受教育的机会。接续他的两位重要人物是孟子和荀子,孟子主张性善,荀子主张性恶。

第二是墨家:墨家创始人是墨子,战国初期鲁国人(比孔子晚了一百多年),墨子的主张和儒家的主张是相对的,他主张"尚贤",任用官吏要重视才能,打破旧阶级观念;主张"兼爱",消除亲疏、贵贱的分别,同样平等地去爱所有的人;主张"非攻",反对战争,谴责战争带给人民的灾难。墨子对机械、科技也有相当程度的了解和研究。

第三是道家:道家创始人是老子,他写的《道德经》是中国文化中最重要的经典之一,政治上老子主张"无为而治"。道家在战国时期的代表人物是庄子,他写的《庄子》也是重要的道家经典,他说:"万物一府,死生同状。"意思是万物是一个整体,死和生是没有差别的。作为万物一体的例子,他说梦见自己变成一只蝴蝶翩翩飞舞,悠然自得,不知道自己是庄周还是蝴蝶,等他梦醒过来,却是僵卧在床上的庄周。庄周梦蝴蝶,到底是庄周做梦变成蝴蝶呢?还是蝴蝶做梦变为庄周呢?

第四是法家:法家主张以法治国,主要代表人物是管仲、商鞅、韩非和李斯。

第五是名家:名家通俗说来就是辩论家,他们主要以诠释"名"和"实"来阐述观点,主要代表人物是邓析、和庄子辩论的惠施,以及提出"白马非马"论述的公孙龙。

第六是纵横家：代表人物是鬼谷子、苏秦、张仪。

第七是兵家：代表人物是写《孙子兵法》的孙武和他的后代——写《孙膑兵法》的孙膑。

但是百家争鸣的现象在春秋战国之后就逐渐衰微了，秦始皇统一天下，以法治天下，建立了中央集权的秦朝，但秦朝只维持了短短的十五年。

汉高祖刘邦采取休养生息、轻徭[1]薄赋[2]的政策。到了汉武帝时，距离孔子大约四百年，董仲舒提出"罢黜百家，独尊儒术"的论述，虽然那时的儒术已经不是春秋战国时期儒家思想的原貌，而是掺杂了道家、法家、阴阳家的思想。这个论述的政治背景是汉武帝要在政治和经济上进一步强化专制和中央集权制度，而汉朝初年主张清静无为的黄老思想已不能满足这种政治需要，儒家的仁义思想和君臣伦理观念，显然和汉武帝的企图和任务相配合，因此儒家思想逐渐独大，尤其是经由科举考试制度，让"四书五经"成为考试的重要内容，两千多年以来，儒家思想就成为中国传统文化的正统和主流思想了。

---

[1] 轻徭：减轻徭役。

[2] 薄赋：降低赋税。

# 经子通，读诸史，
# 考世系，知终始。

在《三字经》中讲完"四书"、《孝经》、"六经"和诸子百家的著作之后，接下来讲中华民族五千年悠久的历史。

历史的记载可以用人、地、事或者时间为主，以人为主轴的记载是传记，例如：孙中山先生的传记；以地为主轴的记载是地理历史，例如：巴黎城市建立和发展的经过；以事为主轴的记载着重在重要事件的发生和演变，例如：工业革命史；以时间为主轴的记载是聚焦一个时段内所发生的事情，例如：二次世界大战，一九四四年六月六日盟军在诺曼底（Normandie）登陆的记载。

常用的分类是：

一、编年史：以年、月、日顺序记述史事，《春秋》是中国第一本编年体史书，编年体的好处是时间点明确，缺点是缺乏前后连贯呼应的叙述。

二、断代史：以一个朝代作为断限，对中国世袭的政治制度而言，断代史的体裁是相当适当的，改朝换代是清楚的结束和崭新的开始，而且往往可以没有顾忌地记述前朝历史，东汉史学家班固的《汉书》可说是这个体裁的创始者。

三、通史：和断代史相反，例如：西汉司马迁的《史记》和北宋司马光的《资治通鉴》，通史贯穿若干年的史实，写通史既需要宏观，也需要有脉络和线索。

《三字经》说的"考世系，知始终"，就是以断代史的体裁，按着朝代来叙述中国历史。

| 历代朝代表 | | |
| --- | --- | --- |
| 三皇五帝 | | |
| 夏 | | |
| 商 | | |
| 周 | 西周 | |
| | 东周 | 春秋时期 |
| | | 战国时期 |
| 秦 | | |
| 汉 | 西汉 | |
| | 新朝 | |
| | 东汉 | |
| 三国 | | |
| 晋 | 西晋 | |
| | 东晋 | 五胡十六国 |

| 历代朝代表 | | | |
|---|---|---|---|
| 南北朝 | 宋 | 北魏 | |
| | 齐 | | |
| | 梁 | 西魏 | 东魏 |
| | 陈 | 北周 | 北齐 |
| 隋 | | | |
| 唐 | | | |
| 五代十国 | | | |
| 宋 | 北宋 | 辽 | |
| | 南宋 | 金 | |
| 元 | | | |
| 明 | | | |
| 清 | | | |

自羲农,至黄帝,
号三皇,居上世。

　　中国上古历史大约从距今四千至六千年"三皇五帝"时代开始,三皇五帝是谁,有几个不同的说法,《三字经》依照《尚书》的记载说:"自羲农,至黄帝,号三皇,居上世。"即指三皇是教民结网捕鱼、驯养家畜的伏羲氏,教民耕种、尝百草作为医药的神农氏,和擒杀蚩尤、统一中原的黄帝。

　　此外,典籍中常提到的人物还有教民钻木取火的燧人氏、炼石补天的女娲、火神祝融、水神共工,还有屈原在《离骚》里提起自己的老祖宗帝颛顼高阳氏,陶渊明在《五柳先生传》里提起让他向往的上古淳朴社会中的帝皇无怀氏和葛天氏。

第三十五堂

# 唐有虞[1],号二帝,
# 相揖逊,称盛世。

　　唐尧和虞舜时期是一段天下安宁、政治清明的太平盛世,有"尧天舜日"之称,而且他们建立了把王位禅让给贤能者的典范。

　　尧把他的两个女儿娥皇和女英嫁给了舜。趁这个机会补充解释《孟子·离娄》篇所说:"不孝有三,无后为大。"原来孟子说这句话是替舜解套的,舜自幼丧母,他的父亲瞽叟续娶,生了儿子象,瞽叟宠爱后妻和幼子,不喜欢舜;因此当舜和尧的两个女儿结婚时,不敢告诉父母亲,对于这样做是不是不孝?孟子说那是可以的,因为"不孝有三,无后为大",不结婚才是最大的不孝。

---

[1] 唐是尧,虞是舜。

至于另两个不孝的行为呢？父母想要做不仁不义的事，子女不加劝阻是一不孝；家里贫穷，父母年纪大了，子女不想办法去挣钱是二不孝也。

第三十六堂

# 夏有禹,商有汤,
# 周文武,称三王。

 

 

　　禹建立夏朝,传位到了夏桀,他宠爱沉迷妃子妹喜,殷汤
伐夏桀,建了商朝;商朝传位到商纣,他宠爱沉迷妃子妲己,
被周武王所伐,周武王姓姬名发,也叫做周发。

　　让我来介绍商朝和周朝的两个重要政治人物:

　　第一个是商朝的伊尹。他是奴隶出身,传说他的父亲是
个能屠宰、善烹调的奴隶厨师,所以伊尹也学了一手好厨艺,
他利用向商汤进食的机会,分析天下形势,商汤就取消了他
的奴隶身份,提拔他做宰相。他帮助商汤打败夏桀,并辅助
五代君主共五十余年。

　　伊尹同时被称为烹饪之祖,而且他提倡用食物治疗或预
防疾病,其《汤液经法》是中国医学的重要著作。正如中国
唐朝名医、被奉为医神的孙思邈所说:"(凡病)凡欲治疗,先
以食疗,既食疗不愈,后乃用药尔。"(要治疗疾病,先用食物

来治疗,仍无法治愈,才用药物来治疗。)

第二个要讲的是姜太公。姜太公名为吕尚,字子牙。在商纣王统治之下,他怀才不遇,八十七岁那一年在磻溪河边钓鱼,遇到了周文王,两人交谈之下,周文王大喜,拜他为太师。据说姜太公钓鱼不用鱼饵,而且使用直钩,有人问这样怎会钓得到鱼,姜太公的回答是"愿者上钩",他后来辅助周武王打败商纣。

杜甫在一首追念诸葛亮的诗《咏怀古迹》(其五):

诸葛大名垂宇宙,宗臣遗像肃清高。
三分割据纡筹策,万古云霄一羽毛。
伯仲之间见伊吕,指挥若定失萧曹。
运移汉祚终难复,志决身歼军务劳。

其中一句"伯仲之间见伊吕",认为诸葛亮的能力和贡献,与伊尹、吕尚相比在伯仲之间。

《千字文》里也讲到上古至周朝的一段历史:

龙师火帝,鸟官人皇:龙师是伏羲氏,火帝是燧人氏;鸟官是少昊氏,五帝[1]中的第一帝。人皇是人皇氏,是远古三

---

[1] 五帝:少昊、颛顼、帝喾、唐尧、虞舜。

皇[1]之一。

始制文字,乃服衣裳:仓颉是黄帝手下的大臣,他创制了文字。嫘祖是黄帝的妻子,她发明了养蚕抽丝,教老百姓制作衣服。

推位让国,有虞陶唐:有虞指舜,陶唐指尧。尧是黄帝的玄孙,尧把帝位禅让给舜,舜再把帝位禅让给禹。

吊民伐罪,周发殷汤:吊民伐罪是慰问被压迫的百姓,讨伐有罪的统治者。周发指周武王姬发,殷汤指商王成汤。

---

[1] 三皇:天皇、地皇、人皇。

第三十七堂

# 夏传子,家天下,
# 四百载,迁夏社。

　　虞舜把帝位传给治水有功的夏禹,夏禹后来把帝位传给儿子启,开了父传子、家天下的先例,夏朝传了四百多年(从公元前二十一世纪到前十六世纪)。

　　夏朝第十七个(也是最后一个)皇帝是暴君夏桀,他宠爱妃子妺喜,妺喜喜欢听丝绸、布帛被撕裂的声音,夏桀就叫人拿整匹的丝绸、布帛天天撕裂给她听,让她开心。

　　夏桀曾狂妄地说:"天之有日,犹吾之有民,日有亡哉?日亡吾亦亡矣。"意思是"天上有太阳正如我拥有管辖的老百姓一样,太阳会从天上掉下来吗? 只有太阳从天上掉下来,我才会灭亡"。百姓愤怒回应:"时日曷丧,予及汝皆亡!"意思是"太阳你什么时候会掉下来呀! 我要和你同归于尽!"

　　有句成语"桀犬吠尧",意思是夏桀是公认的昏君,唐尧是公认的明君，但是夏桀的狗还是会对唐尧吠，这句话是说坏人的手下会因为忠于主人而盲目地做出坏事，但是它原来的含义是坏人的手下往往也会被坏人蒙骗误导而做出坏事。

第三十八堂

## 汤伐夏，国号商，
## 六百载，至纣亡。

　　商汤灭了夏桀，商朝维持了六百年，最后一个皇帝是残忍、荒淫无度、以酒为池、以肉为林、迷恋宠妃妲己的商纣王。

　　商朝从成汤灭夏桀立国，到被周武王灭商纣亡国，约在公元前十七世纪到公元前十一世纪，共有三十一位皇帝。盘庚是第二十位皇帝，他很有作为，把国都迁到殷，被称为中兴之主。武丁是第二十三位皇帝，更带来武丁盛世，他六十几个妻子中，最有名的是妇好，她是一位杰出的政治家、军事家和领导者，带兵东征西讨，和武丁可说是珠联璧合的一对夫妻。

　　二〇一二年十月，台北故宫博物馆就举办了以武丁和妇好的墓室中出土文物为主题的殷商文化艺术特展。

　　武丁缔造了殷商王朝的太平盛世，青铜器制造技术达到颠峰，而考古挖掘出最古老的汉文字纪录——甲骨文，证实了上古史的真实性。虽然史书里没有记载妇好的事迹，但她的名字却常出现于占卜的甲骨文中，勾勒出一位骁勇善战、掌有主持祭祀权力的重要女性。

武丁除了妇好之外，还有个得力的贤臣相辅，叫做傅说。相传他原来是个筑墙的奴隶，武丁在梦中得到感应，找到他并任命为宰相。他是个卓越的政治家、军事家、思想家和建筑科学家。

孟子有名的一段话："天将降大任于斯人也，必先苦其心志，劳其筋骨，饿其体肤，空乏其身，行拂乱其所为，所以动心忍性，增益其所不能。"（《孟子·告子》）当上天将要把重责大任安排在一个人身上，一定要先使他内心受到煎熬、筋骨受尽劳累、挨饥忍饿、身体空虚、做事错乱不如意、心理受到冲击震荡，因而性格变得坚韧，增加他缺少的才干。孟子举了历史上几位出身低微、受过许多苦，最后却造就出一番大事业的人作为例子，其中之一就是傅说。

第三十九堂

# 周武王,始诛纣,
# 八百载,最长久。

商朝时,周本是个小国,周文王(姬昌)建立了民望和美名,他的儿子周武王(姬发)在牧野之战中打败商纣王,商纣王自焚,商朝就此灭亡。

周文王另一个儿子、周武王的弟弟——周公旦,他辅助周武王,消灭商纣。周武王去世之后,传位给儿子周成王(姬诵),因为周成王年纪小,周公旦摄政,等到周成王长大后再还政于成王。

### 儒家思想奠基者

周公旦是杰出的政治家、军事家、教育家、思想家,他对人才的罗揽非常用心尽力,他曾说:"吾文王之子,武王之弟,成王之叔父也。又相天下。吾于天下亦不轻矣,然一沐三握发，一饭三吐哺，犹恐失天下之士。"意指我是周文王的儿子，周武王的弟弟，周成王的叔父，而且位居宰相，在国家的地位也不算低了，但是我洗一次头会多次停下来，握着还未干的头发；吃一顿饭会多次停下来，吐出口中的食物，就是唯恐错过了杰出的人才。

周公旦摄政时，妒忌他的人散布流言说他欺侮幼主，想要篡位，但是他后来的所做所为都展现了忠心，正是白居易《放言五首》(其三)说的："周公恐惧流言日，王莽谦恭未篡时。向使当时身便死，一生真伪复谁知？"意思是许多事情得等到最后才知道真相和动机。

周公旦曾提出"敬德保民"之论，制礼作乐，建立典章制度，其言论见于《尚书》诸篇。孔子甚为推崇周公，尊其为儒家圣人。周公思想对儒家的形成产生了奠基作用，汉代儒家更将周公、孔子并称为"周孔"。

封建制巩固中央

周武王立国之后，正式建立了中国的封建制度，"封建"就是"封土建国"，天子把土地分封给家人、功臣和需要安抚的地方势力，并且授予他们公、侯、伯、子、男等爵位；"诸侯"就是这些分封各国国君的统称，诸侯在自己的领地里有相当的自主权。分封的目的是收买稳定人心，使中央得到支持和保卫,因而巩固中央统治权,由天子扮演天下共主的角色。

虽然周朝号称维持了八百年,但在立国四百多年以后,为了博得褒姒一笑,演出了"千金一笑,烽火戏诸侯"闹剧的周幽王被犬戎所杀,历史上称为西周的时期也就结束了。"千金一笑"的典故是周幽王悬赏千金征求能够让褒姒一笑的方法,想出烽火戏诸侯这个歪主意的是善于逢迎的大臣"虢石父"。

第四十堂

# 周辙东[1]，王纲坠，
# 逞干戈，尚游说。

　　周幽王死了之后，原本被废掉的太子宜臼在外祖父申侯及一部分诸侯的支持下，被拥立为天子，就是周平王。公元前七七〇年，周平王把首都从镐京（今陕西西安）东迁到洛邑（今河南洛阳），史称为东周。

　　东周弃守了关中地区之后，周王朝实力已大不如前，不仅无法号令诸侯国，甚至还要仰赖诸侯的供给，王室地位从此一落千丈，徒具"天下共主"虚名。春秋时期，周王室还有一点号召力；到了战国时期，各诸侯国的势力日渐壮大，彼此之间时常发生争战，而游说之士也趁此时机在各国君主之间提出政策建言，大行其道。

---

[1] 辙东：往东搬迁。

游说全凭一张嘴

鬼谷子是战国时代的政治家、外交家，也是纵横家的鼻祖，擅长阴阳预言、江湖神算，被视为奇才。合纵是合众弱以攻一强，连横是事一强以攻众弱。鬼谷子最有名的两个弟子苏秦和张仪都是战国时期有名的纵横家，苏秦主张合纵，鼓吹联合六国来抗秦；张仪主张连横，鼓吹秦把六国一一攻破。

张仪学成后前往各国游说，却眼见自己的说法不受各国君主重视，于是转向秦惠文王献上连横之策，建议破坏六国联合之势，这策略正中秦惠文王下怀。因此，秦惠文王以张仪为客卿，后来更提拔他为宰相。

而苏秦学成之后，周游奔波数年，一事无成，回到家里，"妻不下纴，嫂不为炊，父母不与言"（妻子顾着织布未停下来理会他，嫂子也不做饭给他吃，父母也不和他讲话）。家人和朋友冷言冷语地说："我们这里的习俗是从事置产，靠手工业和商业谋求百分之二十的利润，您想靠一张嘴来混饭吃，难怪潦倒穷困。"

苏秦于是把自己关在家里苦读姜太公的《阴符》，每逢读到精神不济而昏昏欲睡时，就用锥子刺自己的大腿以振作精神。即是成语"悬梁刺股"之"刺股"一词的由来。

一年多后，他对自己的学问有把握了，出发到秦国去，但不为秦王所用，后来游说六国，合纵抗秦，六国达成联合盟约，由苏秦任"从约长"，同时在六国都被任命为宰相。这时他回到家乡，妻子和嫂子远到郊外迎接，俯伏在地，低着头不敢看他，苏秦问他的嫂子："你为何前倨而后恭呢？"他嫂子说："因为您位高而金多呀！"不过苏秦合纵最终没有成功，被齐愍王五车分尸处死。

《战国策》和《史记》将张仪和苏秦列为同时之人，但根据一九七三年长沙马王堆汉墓出土的《战国纵横家书》所载，张仪卒于公元前三一〇年，苏秦卒于公元前二八四年，亦即张仪在秦国当宰相时，苏秦还没踏入政坛呢！

第四十一堂

## 始春秋,终战国,
## 五霸强,七雄出。

东周维持了五百多年(公元前七七○年周平王即位,到公元前二二一年秦始皇统一天下),历史上分成两段时期,即以春秋五霸为代表的春秋时期(公元前七七○年至公元前四七六年)和以战国七雄为代表的战国时期(公元前四七五年至公元前二二一年)。

让我先讲"五霸强":春秋时期,齐桓公是五霸之首,辅助他的大臣中最杰出的是有"春秋第一相"之称的管仲,按照《史记·管晏列传》记述:"齐桓公以霸,九合诸侯,一匡天下,管仲之谋也。"意为齐桓公的霸业得以成功,多次集合号令诸侯,统一天下,都是依靠管仲的谋略。

《论语·宪问第十四》中,孔子更极力推崇管仲。当子贡提出"管仲是不是仁德之人"的疑问时,孔子说:"齐桓公集合号令诸侯,不经过武力战争,都是管仲的贡献,这就是仁德。"孔子又加码说:"微管仲,吾其被发左衽[1]矣。"意思是没有管仲,我们就会像外来的落后民族一样,披头散发、穿着衣襟向左的衣服了。

古时候中原大国的人崇尚右,衣襟右卷;北方落后的民族崇尚左,衣襟左卷。很巧的,按照西方的传统,外套和衬衫的穿法,男性的是左衽,女性的是右衽,为什么? 有个说法是男生的上衣扣子在右边,女人的上衣扣子在左边,因为扣子在右边,用右手扣起来较方便,但有钱的贵妇穿衣服不需要自己动手,会由侍女来帮她扣扣子,因此扣子在左边,对站在对面的侍女而言,比较方便使用右手来扣上。

## 管鲍之交情谊深

讲到管仲,自然会想起同时辅助齐桓公的鲍叔牙,我们常用"管鲍之交"来譬喻深厚的友谊,管仲曾说:"生我者父母,知我者鲍叔也。"(《列子·力命》)齐桓公手下还有几个重要的大臣:竖刁、易牙、开方,而管仲认为竖刁阉割自己,伺候君主;易牙烹自己的儿子给齐桓公吃,讨好君主;开方背弃父母,侍奉君主,因此都不是可以倚赖之人。

---

[1] 衽:衣襟。

有兴趣的读者可以参阅《古文观止》中苏洵写的《管仲论》和《辨奸论》两篇文章，其中一句警语是他的见解，也是有感而发。"竖刁、易牙、开方三子，非人情，不可近。""凡事之不近人情者，鲜不为大奸慝。"这正是得人用人之道。

### 越王复国美人计

接下来谈"七雄出"：春秋末期，经过列国兼并，剩下的大国有西方的秦，中原以北的晋，东方的齐、燕，南方的楚、吴、越。最后又怎么会变成所谓战国七雄的齐、楚、韩、赵、魏、燕、秦呢？那就是"越灭吴"和"三家分晋"的故事。

先讲大家熟悉的"越灭吴"故事。公元前四九六年，吴王阖闾攻打越国，被越国击败，阖闾伤重身亡。两年后，阖闾的儿子夫差率兵击败越国，越王勾践被押送到吴国做奴隶，勾践忍辱负重地伺候夫差。三年后，夫差对他消除戒心，让他回到越国。勾践立下了复国的决心，在稻草上睡觉，不敢图安逸，并在屋里挂上一只苦胆，坐卧和饮食时都要尝一下胆的苦味，警惕自己，就是"卧薪尝胆"的故事。

勾践知道夫差贪图享乐，因此物色了绝世美人西施，由范蠡陪同送给夫差，夫差因此沉迷美色，耽误政事。勾践强政励治、养精蓄锐，公元前四七六年终于灭了吴国，吴王夫差自尽,越国俨然成为一方霸主;可是后来勾践勤政之心逐渐怠惰,猜忌之心日益增长,范蠡悄然隐退。公元前三〇六年楚国趁越国内乱时灭了越国。

《千字文》特别提到春秋时期的两个美人:

毛施淑姿,工颦妍笑:一是相传为越王勾践的爱姬毛嫱,另一是西施。现在大家都知道西施是美人的象征,其实在古老的文献里,并提二位美人时,毛嫱的名字总在西施之前。

韩赵魏三家分晋

"三家分晋"的故事是:晋国始祖是姬虞,他是周武王之子、周成王的同母弟,后来被分封到唐国,因此被称为唐叔虞;《古文观止》里有篇柳宗元的《桐叶封弟辨》讲的就是周成王封姬虞到唐国为诸侯的故事。

唐叔虞的儿子改国号为晋,一百多年后,到了晋文公(姬重耳),他经历过重重困苦、颠沛流离,登位之后,勤于修政,励精图治,成为春秋五霸之一。但是,从晋文公和接下来的晋襄公(姬骓)开始,国内十余家卿大夫控制了晋国的政局,经过激烈的兼并,到了春秋晚期,只剩下赵、魏、韩、范、智、中行六家,就是所谓"六卿"。其中范、智、中行三家先后被灭。

公元前四〇三年,韩、赵、魏三家求见周威烈王(姬午),

请求把他们分封为诸侯，周威烈王眼见这已成事实，也只好答应了。晋国拖到公元前三七六年，晋静公（姬俱酒）被废，也就正式灭亡了。

第四十二堂

# 嬴秦氏，始兼并，
# 传二世，楚汉争。

　　秦始皇姓嬴名政，灭六国，统一天下，时间点是公元前
二二一年，他在十年之后（公元前二一〇年）逝世；秦二世继
位，短短四年，被迫自杀身亡，秦朝只维持了十五年。

　　秦始皇统一六国之后，在西安渭河以南建了一座豪华宫
殿"阿房宫"。杜牧的《阿房宫赋》道尽了秦朝的兴衰。

　　全文破题说："六王毕，四海一。蜀山兀，阿房出。"

　　接下来描写这座宏伟的建筑："覆压三百余里，隔离天
日。……五步一楼，十步一阁。……长桥卧波，未云何龙？
复道行空，不霁何虹？"

　　叙述宫里妃嫔皇孙的奢华景象："明星荧荧，开妆镜也；
绿云扰扰，梳晓鬟也。渭流涨腻，弃脂水也；烟斜雾横，焚椒
兰也；雷霆乍惊，宫车过也；辘辘远听，杳不知其所之也。"

　　宫里收藏了许多从战败国家搜刮来的珠宝财富："燕、赵

之收藏,韩、魏之经营,齐、楚之精英,几世几年,剽掠其人,倚叠如山。"

秦朝的覆亡:"戍卒[1]叫,函谷举。楚人一炬,可怜焦土。"

"戍卒叫"是指秦二世昏庸残暴,陈胜、吴广带着被远派去戍守边境的九百名士兵揭竿起义。

"函谷举"是指刘邦首先率兵攻下函谷关。其实严格来说,函谷关易守难攻,刘邦听从张良的建议,绕过函谷关,进入陕西关中平原。

"楚人一炬,可怜焦土"描述项羽把阿房宫烧掉,据说大火三月不灭。

感叹的结语:"灭六国者,六国也,非秦也;族秦者,秦也,非天下也。嗟夫!使六国各爱其人,则足以拒秦;使秦复爱六国之人,则递三世可至万世而为君,谁得而族灭也?"

楚汉相争胜者为王

至于"楚汉争"这句是指项羽和刘邦争天下的故事。

项羽和刘邦的鸿门宴上,项庄舞剑志在沛公,可是在最后关头,项羽没有当机立断,让刘邦跑掉了;最后汉军以

---

[1] 戍卒:防守的兵。

六十万兵之众，在垓下和只有十万兵而且粮食不足的楚军决战，楚军被重重围困。项羽在晚上听到四方传来楚国语言唱的歌，大惊失色地问："是不是汉军已经把楚国的地都占领了，不然为什么汉军里有那么多楚国人呢？"

面对长期受宠的虞姬，时常跨乘的名驹乌骓马，项羽不禁泪下悲歌："力拔山兮气盖世，时不利兮骓不逝。骓不逝兮可奈何？虞兮虞兮奈若何？"歌罢，虞姬和之，左右皆泣，最后项羽在乌江边上，自觉无颜再见江东父老，自刎身亡。

相对项羽气壮山河的《垓下歌》，刘邦在胜利还乡、踌躇满志时，则有一首《大风歌》："大风起兮云飞扬，威加海内兮归故乡，安得猛士兮守四方！

第四十三堂

# 高祖兴,汉业建,
# 至孝平,王莽篡。

公元前二〇二年,刘邦登位,就是汉高祖,他是中国历史上第一位平民皇帝。

## 三杰助汉得天下

协助刘邦得天下,并称"汉初三杰"的是张良、萧何和韩信。刘邦曾说:"我所以能够得到天下,靠的是三个人的力量,在行军帐幕里指挥施令、规划策略以决定千里之外战事的胜负,我不及张良;镇守国家、安抚老百姓、供给军需粮草不虞中断,我不及萧何;带领百万大军、战无不胜、攻无不克,我不及韩信。他们都是非常杰出的人才,我能够重用他们,所以才能取得天下。"按照刘邦的评价,张良是军事谋略家,萧何是管理的长才,韩信是带兵冲锋陷阵的大将。

"汉初三杰"的下场却大不相同,张良辅助刘邦成就大业之后,就逐渐隐退;萧何继续辅助刘邦,却受到监视和牢狱之灾,刘邦死后,继续辅助惠帝,不久病故身亡;吕后在刘邦指使之下,召韩信到后宫,活活把他打死,正是"狡兔死,良狗烹;高鸟尽,良弓藏;敌国破,谋臣亡"(《史记·淮阴侯列传》)。

## 制定律法安社会

《千字文》里讲到萧何制定律法:

何遵约法:萧何因为老百姓对秦朝嬴政的不满,他顺应民意,制订出政府治理社会的基本大法,就是汉代第一部律法《九章律》。

前面提到杜甫《咏怀古迹》诗中的"指挥若定失萧曹"一句,就是说诸葛亮从容镇定指挥的能力,萧何、曹参相形之下也大为失色。曹参又是谁呢? 他是刘邦开国之后,继任萧何之后的第二位丞相,他大多遵照萧何订定的律法规章行事,即是"萧规曹随"成语的出处。

## 商山四皓保太子

秦末汉初四个著名的学者:绮里季吴实、东园公唐秉、夏黄公崔广、角里先生周术,他们是秦始皇时七十名博士之中的四位，隐居在商山，合称"商山四皓"[1]。

《千字文》里有讲到"商山四皓"助太子刘盈的故事：

绮回汉惠：刘邦建立汉朝之后，立刘盈为太子，就是后来的汉惠帝。刘盈生性懦弱、才华平庸，刘邦动了废太子的念头，不过张良为太子刘盈出了个主意，请"商山四皓"和他一起饮宴，刘邦看到之后说："羽翼已成，难以动矣。"就打消了换太子的想法。这倒让我们想起与现今请一些大佬出面加持，以巩固政权的做法有点相似。


## 西汉名将与特使

汉朝初期，社会经济衰弱，汉文帝刘恒和汉景帝刘启是第五位和第六位皇帝，他们致力于安定社会，使百姓生活富裕，也关心农业，提倡节俭，奠定了安内的物质基础。

第七位皇帝汉武帝（汉孝武帝）刘彻在位五十四年，雄才大略，这段时间人才辈出，伐匈奴、通西域，国力强大，史称"汉武盛世"[2]。

---

[1] 皓：白的意思，指头发、胡子、眉毛都变白的老头子。

[2] 中国历史上有三大盛世，虽然没有一致的说法，一般认为是"西汉盛世"，包括汉文帝、汉景帝和汉武帝的朝代；"开元盛世"，包括唐太宗、武则天和唐玄宗的朝代；"康雍乾盛世"，包括康熙、雍正和乾隆朝代。

李广在汉文帝时就从军和匈奴作战，有"飞将军"之称，是王昌龄《出塞》赞誉的对象："秦时明月汉时关，万里长征人未还。但使龙城飞将在，不教胡马度阴山。"

公元前一一九年，汉武帝发动漠北之战，由卫青、霍去病各率兵五万出征，李广当时虽然年事已高，还是请求一同出战，后来在沙漠中迷了路，延误了战斗时机，受到卫青的责难，羞愤之余拔刀自刎。

李陵的《答苏武书》里说："陵先将军[1]，功略盖天地，义勇冠三军[2]，徒失贵臣[3]之意，到身绝域之表[4]。"李陵也同时指出汉初许多功臣名将悲惨的下场，"谁不为之痛心哉！"

汉武帝为了联络在中国西北部后来迁徙到中亚地区的游牧民族大月氏攻击匈奴，派张骞西行，结果打通了丝绸之路。丝绸之路是西汉张骞和东汉班超出使西域开辟出来的路径，一般分成东段、中段和西段，东段从长安到敦煌，向西北走一点，就是玉门关，向西南走一点，就是阳关；中段从玉门关和阳关到帕米尔高原（古称葱岭）；西段从帕米尔高原往西经过中亚、西亚到欧洲。说到玉门关，我们会想起王之涣

---

[1] 先将军：李广，李陵的祖父。

[2] 三军：军队的统称。

[3] 贵臣：指卫青。

[4] 表：外面。

的《凉州词》：

> 黄河远上白云间，一片孤城万仞山。
>
> 羌笛何须怨杨柳，春风不度玉门关。

说到阳关，我们会想起王维的《渭城[1]曲》：

> 渭城朝雨浥[2]轻尘，客舍青青柳色新。
>
> 劝君更尽一杯酒，西出阳关无故人。

### 新莽篡位西汉亡

"至孝平，王莽篡"是指汉高祖建立的汉朝历经两百多年，传到汉孝成帝。汉孝成帝没有子嗣，由汉孝哀帝继位；汉孝哀帝在位短短六年也没有子嗣，由汉孝平帝继位。汉孝平帝是王莽的女婿，但是被王莽毒死篡位，建立新朝，也开了中国历史上篡位做皇帝的先河，到此西汉时代结束。

《史记》讲过汉高祖刘邦有次喝醉了酒，拔剑斩断一条挡在路上的大蛇的故事，民间传说渲染称这条大蛇是白帝的儿

---

[1] 渭城：在西安城西北，秦代咸阳古城。

[2] 浥：润湿。

子,后来投胎报复,就是篡汉的王莽,因为王莽的"莽"和大蛇"蟒"的读音相同。

王莽在朝廷一路往上爬时,礼贤下士,清廉俭朴,经常施做善事,建立很好的名声。到最后才露出了野心,这正是前面提及白居易《放言五首》(其三)里的"王莽谦恭未篡时"。

# 光武兴，为东汉，
# 四百年，终于献。

王莽的新朝只维持了十五年，而后由汉高祖刘邦的第九世孙刘秀夺回政权，就是汉光武帝，史称为东汉。汉光武帝在位三十二年，以柔术治国，社会逐渐从新朝末年的动荡中恢复，史称"光武中兴"。

## 皇帝的浪漫爱情

西汉时期的汉孝武帝往往简称为汉武帝，可不要和东汉时期的汉光武帝混淆了。轻松一下，我们来看看汉武帝和汉光武帝这两位帝王浪漫的爱情故事。

汉武帝刘彻年幼时，有天被抱坐在长公主姑妈膝上，长公主笑着逗问："你想不想娶媳妇啊？"

刘彻回答："当然想啊！"

长公主指着身旁的侍女们，又问："宫里有这么多美女，你想娶谁当媳妇呢？"

刘彻回答："这些我都不喜欢。"

长公主听了，就指着自己的女儿，问道："那把阿娇嫁给你，好不好？"

阿娇和刘彻是青梅竹马的玩伴，刘彻本来就很喜欢她，一听到姑妈这么问话，立刻高兴地回答："如果我将来娶了阿娇，一定会盖一栋漂亮的房子给她住！"此即成语"金屋藏娇"的由来，原指建造华屋给所爱的人居住，现在都用来比喻男人有外遇之事。

后来在长公主的撮合下，刘彻果然和阿娇成婚了，登基即位之后，随即立阿娇为皇后。


汉光武帝刘秀的第二任皇后阴丽华以美貌闻名。当刘秀还是个没落的皇族时，在京师长安太学读书，非常仰慕出身名门的阴丽华，曾感叹地说出："仕宦当作执金吾[1]，娶妻当得阴丽华。"

刘秀一统天下称帝之后，阴丽华成了他的宠妃，五年后被册封为皇后。阴丽华端庄贤淑，不轻易言笑，有母仪之美；

---

[1] 执金吾：相当于现代的首都卫戍司令，出巡时前呼后拥，威风神气。

统领内宫恭敬俭朴，为一代贤后。她过世后，与汉光武帝合葬于原陵。

### 东汉末黄巾为祸

从公元二五年到二二〇年，东汉维持了近两百年，东汉末期，汉灵帝光和七年（公元一八四年），由张角、张梁、张宝三兄弟领军的黄巾之乱起，国家陷入混乱状态，逐渐导致东汉灭亡和三国时期到来，正如《三国演义》第一回所说："宴桃园豪杰三结义，斩黄巾英雄首立功。"

东汉最后一位皇帝是汉献帝，他九岁时被董卓迎立为帝，先后被董卓、曹操挟持，即所谓"挟天子以令诸侯"，做了三十一年傀儡皇帝，终于在公元二二〇年禅位，由曹操的儿子曹丕称帝，这就是"四百年，终于献"。

第四十五堂

# 魏蜀吴,争汉鼎,
# 号三国,迄两晋。

    曹魏、蜀汉和孙吴三国鼎立的局面,维持了六十年(公元二二○年至二八○年),司马懿和他的儿子司马昭都是魏国大臣,逐渐掌握了庞大的政治权力,先灭蜀汉,后灭孙吴,最后司马懿的孙子司马炎逼魏元帝禅让,自立为晋武帝,建立了晋朝,大约维持了一百六十年的基业。

    晋朝可以分成两个历史时期,西晋(公元二六五年至三一六年)和东晋(公元三一七年至四二○年),西晋维持了五十年,只有晋武帝司马炎祖孙三代、四位皇帝。

    晋武帝传位给那个听到天下饥荒、老百姓没有饭吃,却反问"何不食肉糜"的晋惠帝司马衷。晋惠帝后来被毒死,他的弟弟晋怀帝司马炽也遭到被毒死的命运;第四任也是最后一任的晋愍帝司马业是晋惠帝和晋怀帝的侄子,也是晋武帝的孙子,晋愍帝被十六国中第一个建立政权的前赵俘虏杀害,建都洛阳的西晋就宣告灭亡。

　　司马懿的曾孙,就是晋武帝的堂侄儿司马睿迁都南京,成为东晋第一位皇帝——晋元帝,东晋共经历了十一个皇帝,维持了一百多年,偏安南方,同一个时期的北方是五胡十六国。

　　五胡十六国是中国历史上的一段时期,自公元三〇四年刘渊及李雄分别建立汉国(后称前赵)及成汉起,至公元四三九年北魏拓跋焘(太武帝)灭北凉为止。范围涵盖华北、蜀地、辽东,最远达到漠北、江淮及西域。

　　入主中原众多民族中,以匈奴、羯、鲜卑、羌及氐为主,统称五胡。他们相继建立许多国家,北魏史学家崔鸿以其中十六个国家撰写了《十六国春秋》,于是后世史学家称这段时期为"五胡十六国"。

第四十六堂

宋齐继，梁陈承，
为南朝，都金陵。

　　东晋和五胡十六国之后，南北对峙，形成为期一百七十年的南北朝时代（公元四二〇年至五八九年），南朝是先后连续的宋、齐、梁、陈四朝，均建都在建康（今南京），为了避免混淆，也称为南朝宋、南朝齐、南朝梁和南朝陈。

　　南朝由刘裕篡东晋建立南朝宋开始，终结于南朝陈，为隋所灭。南朝陈最后的君主——陈后主（陈叔宝）是个穷奢极欲的昏君，沉缅声色，不理国政，终于被隋文帝的兵俘虏，国亡身殁。

　　他为《玉树后庭花》这首曲填写了词，其中有"妖姬脸似花含露，玉树流光照后庭"之句，这首曲也被视为亡国之音。唐代诗人杜牧的《泊秦淮》："烟笼寒水月笼沙，夜泊秦淮近酒家。商女不知亡国恨，隔江犹唱《后庭花》。"元代词人萨都刺的《满江红·金陵怀古》："玉树歌残秋露冷，胭脂井坏寒螯泣。"都引用了这个典故。

第四十七堂

# 北元魏，分东西，
# 宇文周，与高齐。

　　北朝的历史比较复杂，北魏由鲜卑人拓拔珪在公元三八六年建立政权，统一华北，皇帝改姓元。公元五三四年分裂为西魏和东魏，西魏只维持了二十二年，就被把持权力的大臣宇文泰建立的北周取代；东魏也只维持了十六年，就被把持权力的大臣高欢的儿子高洋建立的北齐取代，后来北周灭北齐，统一华北。

　　北齐亡国的主因又是因为一个昏庸残忍、沉迷酒色的皇帝，北齐后主高纬宠爱妃子冯小怜，当北周六万大兵进伐北齐的平阳时，高纬正和冯小怜在打猎，告急的文书一连发出三次，他却一点也不在意，继续打猎，最后北齐的军队溃败。

　　李商隐有两首题为《北齐》的诗，描述这段情景：

　　一笑相倾国便亡，何劳荆棘始堪伤。

小怜玉体横陈夜，已报周师入晋阳。

巧笑知堪敌万机，倾城最在著戎衣。
晋阳已陷休回顾，更请君王猎一围。

"小怜玉体横陈夜"这一句是指高纬上朝和大臣们议事的时候，常常让冯小怜穿着单薄的衣服，躺在他的怀里，让大臣们都看得面红耳赤。

一九三一年九月十八日，日本关东军突然袭击进攻沈阳，接着数月间，东北三省即告沦陷，全国上下深深责备张学良的不抵抗，马君武仿照李商隐的诗写了两首《哀沈阳》。

赵四风流朱五狂，翩翩蝴蝶正当行。[1]
温柔乡是英雄冢，哪管东师入沈阳。

告急军书夜半来，开场弦管又相催。
沈阳已陷休回顾，更抱阿娇舞几回。

---

[1] 赵四是指陪伴了张学良七十二年的赵一荻小姐，朱五是指北洋政府高官朱启钤的第五个女儿朱湄筠，蝴蝶是影射当时的电影明星胡蝶，却也引起了一些文墨官司。

纷乱世局佛法兴

南北朝时期,佛教得到各帝王的支持,佛经翻译更为隆盛,寺院的建立急剧增多,一如杜牧《江南春》诗句所描写:"千里莺啼绿映红,水村山郭酒旗风。南朝四百八十寺,多少楼台烟雨中。"

佛教也带动石刻艺术的发展和石窟的刻建,被称为"中国三大石窟"的山西大同云岗石窟和河南洛阳龙门石窟,都是在南北朝时代始建,再不断扩建;敦煌莫高窟则始建于十六国时代,在南北朝时代扩建。

第四十八堂

# 迨至隋,一土宇<sup>[1]</sup>,
# 不再传,失统绪。

北周灭了北齐之后,北周宣帝的岳父杨坚夺了政权,于公元五八一年建立隋朝,自立为帝,就是隋文帝,接着在公元五八九年灭南朝陈,统一天下。

隋文帝传位给隋炀帝杨广,他们修建的大运河是中国历史上重要的大工程,但是整体来说,隋炀帝是个好大喜功、荒淫奢靡、腐朽残暴的皇帝,隋朝基业就断送在他手上了。

按照历史记载,南朝的陈后主是被隋炀帝领兵打败的,甚至有野史说他们曾在梦中相遇,陈后主的爱妃张丽华还为隋炀帝歌舞《玉树后庭花》之曲,所以李商隐的诗《隋宫》有"地下若逢陈后主,岂宜重问后庭花"之句,是嘲讽隋炀帝和陈后主一样步上荒淫亡国之路。

---

[1] 土宇:天下。

# 唐高祖,起义师,
# 除隋乱,创国基。

隋朝末年,天下大乱,烽火四起,李渊是隋炀帝的姨表兄弟,历任刺史、太守等官职,公元六一八年起兵称帝,就是唐高祖。

唐高祖传位唐太宗李世民,唐太宗在位二十三年,励精图治,国力蒸蒸日上,就是历史上有名的"贞观之治"。唐太宗传位给唐高宗李治,接下来的人际关系就比较复杂了,武曌就是武则天(则天是谥号),她在唐太宗时入宫为妃嫔,唐高宗时成为皇后,唐高宗死了,她被尊为皇太后,她和唐高宗生的两个儿子李显和李旦先后登位为唐中宗和唐睿宗,但也先后被她所废。

武则天登位成为中国历史上唯一得到承认的女皇帝,在位十五年。她的儿子唐中宗在宰相张柬之等五人发动"神龙革命"下复辟;后来唐睿宗则是在其三子李隆基与太平公主等联络禁军将领，拥兵入宫的"唐隆之变"中复辟，总算给他们两兄弟补回做皇帝的瘾。

武则天为政期间，政策稳重，兵略妥善，文化复兴，百姓富裕，为唐朝打下长治久安的基础，和唐高宗的"永徽之治"都有"贞观遗风"之称。

有一则关于武则天的传说故事：一年冬天，武则天在上苑饮酒赏雪，上苑是帝王赏花打猎的地方，看到只有梅花独开，就写了一首诗，下令第二天百花必须一齐开放："明朝游上苑，火急报春知。花须连夜发，莫待晓风吹。"百花仙子不敢不从，唯有牡丹仙子抗命，武则天就把牡丹花贬到洛阳去，因此洛阳就成为今之牡丹花都。

但是武则天的政绩却未必为政敌所欣赏，骆宾王写的一篇声讨武则天的有名檄文《为徐敬业讨武曌檄》，劈头就说："性非和顺，地实寒微。"（性情并不温和柔顺，出身实在是贫寒低贱。）接下去就狠狠地罗列武则天的罪行："入门见嫉……掩袖工谗……虺蜴为心，豺狼成性。近狎邪僻，残害忠良。杀姊屠兄，弑君鸩母……包藏祸心，窥窃神器。君之爱子，幽之于别宫；贼之宗盟，委之以重任。"

# 二十传,三百载,
# 梁灭之,国乃改。

　　唐睿宗传位给儿子李隆基,就是唐玄宗,因谥号"至道大圣大明孝皇帝",故亦称为唐明皇。他在位四十五年,造就了唐朝鼎盛的时期,史称为"开元之治",这段时期中国商业繁荣,国力强盛,各国都派使臣到长安来朝贡。王维的名句"九天阊阖[1]开宫殿,万国衣冠拜冕旒[2]"就是描写这种景象。

　　唐肃宗时,朝中任官的四大诗人写了四首诗描写大明宫早朝一片庄严华丽的景象,第一首为官拜中书舍人贾至所写的《早朝大明宫》:

　　银烛熏天紫陌长,禁城春色晓苍苍。

---

[1] 阊阖:皇宫的大门。

[2] 冕旒:皇帝所戴的礼冠。

千条弱柳垂青琐，百啭流莺绕建章。

剑珮声随玉墀步，衣冠身惹御炉香。

共沐恩波凤池上，朝朝染翰侍君王。

接下来，岑参、王维、杜甫都各写了一首诗来唱和。其中，王维写了《和贾舍人早朝大明宫之作》：

绛帻鸡人报晓筹，尚衣方进翠云裘。

九天阊阖开宫殿，万国衣冠拜冕旒。

日色才临仙掌动，香烟欲傍衮龙浮。

朝罢须裁五色诏，珮声归到凤池头。


## 安史乱后盛转衰

众所周知唐玄宗宠爱"天生丽质难自弃"（白居易《长恨歌》）、"名花倾国两相欢，长得君王带笑看"（李白《清平调》）、"一骑红尘妃子笑，无人知是荔枝来"（杜牧《过华清宫》）的杨贵妃，也是唐朝由盛转衰的一个原因。唐玄宗在位末期，爆发由安禄山、史思明带头持续了七年的"安史之乱"。接下来虽然唐朝国势仍维持了一百多年，但是最后几个皇帝都庸碌无能，"黄巢之乱"为期十年，虽然最终平定下来，但动摇了国本。

"待到秋来九月八,我花开后百花杀。冲天香阵透长安,满城尽带黄金甲。"是黄巢诵菊花的诗。不过,张艺谋的《满城尽带黄金甲》讲的可不是黄巢的故事,而是以五代十国的宫廷为背景,改编自曹禺的名剧《雷雨》的一部电影。

第五十一堂

# 梁唐晋,及汉周,
# 称五代,皆有由。


　　公元九〇七年,朱温废掉了唐哀帝李柷,建立后梁。唐朝灭亡之后,藩镇割据,形成约七十年的五代十国时期,中原政权从时间上来推是后梁、后唐、后晋、后汉和后周五代,同时地方的割据政权,从地理上来分最大的有前蜀、后蜀、吴、南唐、吴越、闽、楚、南汉、南平、北汉十国,这些国家、人物里,大家最耳熟能详的应该是南唐最后一个皇帝李后主(李煜),他的《破阵子》描写从繁华的皇帝生活变成宋太祖俘虏的历程。

　　四十年来家国,三千里地山河。凤阁龙楼连霄汉,玉树琼枝作烟萝,几曾识干戈?

　　一旦归为臣虏,沈腰潘鬓销磨。最是仓皇辞庙日,教坊犹奏别离歌,垂泪对宫娥!

开创了四十年的国家，有三千里地的山河领土；画凤雕龙的宫殿楼阁连接着天边的云，名贵的树木和植物茂密如烟雾、藤萝，我在其中生活成长，哪里见识过战争场面？一旦成了被迫俯首称臣的俘虏，我的腰际像沈约那样消瘦，鬓发也如潘岳那样斑白。在匆忙慌张的辞别太庙那天，教坊乐团还继续吹奏着离别之歌，而我只能泪流满面看着身边的嫔妃侍女。

最后，他在《虞美人》里"故国不堪回首月明中"的名句，道出怀念故国之情，据说也因此被毒杀。

第五十二堂

炎宋兴，受周禅，
十八传，南北混。

我们接着讲宋朝的建立。宋太祖赵匡胤是五代后周的
大臣，经过军事政变，即史称黄袍加身的"陈桥兵变"，建立
了宋朝。宋朝天下三百多年（公元九六〇年至一二七九年），
分为北宋、南宋两段时期，各传了九位皇帝。

战国时期，阴阳学家邹衍提出"五德始终说"的历史观
念，认为金、木、水、火、土代表五种德性，金生水、水生木、木
生火、火生土、土生金；金克木、木克土、土克水、水克火、火
克金。相生相克的说法也可以用来解释朝代的始终交替，譬
如：夏属木被商属金所克，商被周属火所克，周被秦属水所
克，秦被汉属土所克。不过哪个朝代属什么，往往是各说各
话，宋朝被算出来属火，所以也称炎宋。

宋太祖的"杯酒释兵权"，把军权和财政大权集中到
中央，也因此避免了唐朝藩镇割据所带来五代十国混乱的

局面。

　　宋神宗赵顼变法是历史上影响深远的大事，王安石推行新法，司马光是极力反对的保守派，苏轼既不完全赞同王安石的主张，也不赞同司马光的看法，两面不是人，先后被排挤。他的《水调歌头》里一段："不知天上宫阙，今夕是何年。我欲乘风归去，又恐琼楼玉宇，高处不胜寒。"也被解读为流放在外，对朝廷和政治权力的怀念。

第五十三堂

# 辽与金,帝号纷,
# 迨灭辽,宋犹存。

 

五代十国时代,公元九〇七年,契丹人已在中国东北地区建立辽国。公元一一一五年,女真人建立金国,一一二五年金灭辽之后,入侵中原,一一二七年把宋徽宗赵佶、宋钦宗赵桓俘虏带回金国的五国城,因宋钦宗的年号是靖康,史上称为"靖康之难",北宋乃宣告灭亡。就是岳飞《满江红》所说:"靖康耻,犹未雪;臣子恨,何时灭。"

北宋维持了大约一百五十年之后,宋高宗赵构在临安重建宋朝,史称南宋,临安即今之杭州,有临时安家之意。虽然名将岳飞率兵大破入侵金兵,宋高宗却任命秦桧为相,与金国讲和,以莫须有的罪名杀害岳飞;现在杭州的岳飞墓前有四个铁铸跪着的人像,就是陷害忠良的秦桧、他的夫人王氏和万俟卨、张俊两个奸臣,墓前有副对联:"青山有幸埋忠骨;白铁无辜铸佞臣。"

南宋偏安东南，可是内忧外患不断，爱国诗人陆游的名句："王师北定中原日，家祭无忘告乃翁。"也只是个没有达成的心愿而已。

第五十四堂

## 至元兴,金绪歇[1],有宋世,
## 一同灭,并中国,兼戎翟[2]。

上古时期,中原黄河流域两个部落的首领是黄帝和炎帝,这两个部落融合起来就是"中国民族"(也称"华夏民族")的祖先,所以我们称自己为"炎黄子孙",自古以来中原以外的少数民族称为东夷、南蛮、西戎、北狄。从唐朝安史之乱引发的藩镇割据开始,经过五代十国、宋、辽和金,元朝的建立终于结束了中国五百多年来分裂的局面。

讲到元朝的建立,我们得倒过来讲蒙古帝国的历史,公元一二〇六年,铁木真建立蒙古帝国,他的称号是成吉思汗[3],成吉思汗东征西讨建立了庞大的蒙古帝国,他在

---

[1] 金绪歇:金国的传承断了。

[2] 翟:同"狄"。兼戎翟:兼并了少数民族。

[3] 汗:皇帝。

一二二七年灭西夏的战争中逝世。

成吉思汗死后，由第三子窝阔台汗继位，一二三四年灭金朝，窝阔台汗传贵由汗，贵由汗传给蒙哥汗，蒙哥汗死后由他的四弟忽必烈夺得政权；忽必烈于一二七一年建立元朝，就是元太祖，一二七九年灭南宋。

讲到这里，让我们想起毛泽东写的一阙词《沁园春》：

江山如此多娇，引无数英雄竞折腰。惜秦皇汉武，略输文采；唐宗宋祖，稍逊风骚。一代天骄，成吉思汗，只识弯弓射大雕。俱往矣，数风流人物，还看今朝。

第五十五堂

明太祖,久亲师[1]。传建文,方四祀。
迁北京,永乐嗣。迨崇祯,煤山逝。

　　元朝维持了不到一百年,明太祖朱元璋起义,推翻了元朝。朱元璋带兵起义,但是因为元军控制严密,无法传递消息,恰巧临近中秋节,军师刘伯温献计,在中秋节互赠的糕饼里夹着纸条,上面写着八月十五杀鞑子(蒙古人)的讯息,约定八月十五日起义。

　　朱元璋把帝位传给孙子建文帝朱允炆,可是在位仅短短四年,被朱元璋第四个儿子朱棣(即建文帝的叔叔)夺取了帝位,就是明成祖永乐帝。朱棣下令推动修纂的《永乐大典》,有二万二千九百三十七卷一万一千零九十五册,约三亿七千万字,被视为世界有史以来最大的百科全书。

---

[1]　亲师:亲自统领部队。

有个传说故事：有一年元宵节晚上，朱棣微服出巡，遇到一个秀才，朱棣给他出了个上联"灯明月明大明一统"，这位秀才应声而对"君乐臣乐永乐万年"，朱棣听了龙心大悦。

## 国祚尽无力回天

明朝第十六位（最后一位）皇帝是明思宗朱由检（崇祯皇帝），据说崇祯皇帝面对李自成等流寇四处奔窜，而国家摇摇欲坠的情况，感到忧心如焚。有天微服出巡遇到一位测字先生，崇祯皇帝要他用一个字测国家的命运，测字先生请崇祯皇帝选一个字，崇祯皇帝说了个"友"字，测字先生说朋友的"友"字不好，"友"字就是"反"字出头，反贼已经出头了；崇祯皇帝马上改口说："不是，是有无的'有'字。"测字先生又说不好，"有"字就是大明江山已经少了左边一半，因为"有"字是半个"大"字、半个"明"字合起来；崇祯皇帝马上又改口说："不是'有'字，是'酉'字。"测字先生还是说不好，"酉"字是"尊"字去了头、去了尾，至尊已经身首不全了。果然在崇祯十七年，李自成带兵攻占北京紫禁城，崇祯皇帝先逼周皇后和袁贵妃自尽，随后在煤山自缢身亡。

民间传说里，当十五岁的长平公主牵着崇祯皇帝的衣服嚎哭时，他说："汝何故生我家？"（你为什么要出生在我家呢？）便挥剑向长平公主砍去，把她的左臂砍断了；过了五天她苏醒活过来，并剃度出家，学得一身武艺，金庸《碧血剑》的独臂神尼阿九、《鹿鼎记》的九难师太和梁羽生《江湖三女侠》的独臂神尼，都是长平公主的影射。脍炙人口的粤剧《帝女花》，讲的就是长平公主和她的驸马周世显同饮砒霜自尽的故事。

## 名关内外两世界

明末清初历史里，一段有名的故事是吴三桂在投李和降清的两条路中间，为了种种因素做出引清兵入山海关的选择，就是吴伟业《圆圆曲》开头四句："鼎湖当日弃人间，破敌收京下玉关。痛哭六军皆缟素，冲冠一怒为红颜。"第一句指崇祯皇帝已身亡，第二句即指吴三桂引清兵入山海关，攻入北京打败李自成。

中国地理上，长城八大关一般是指山海关、居庸关、紫荆关、雁门关、娘子关、偏头关、嘉峪关和玉门关，山海关和嘉峪关位于明代长城的东西两端，山海关依山临海，紧锁着从中国东北到华北的咽喉，是兵家必争之地，有"天下第一关"之称。

《千字文》也提到长城上的雁门关：

雁门柴塞：雁门关在山西省雁门山上，汉元帝时，肩负着汉匈和亲责任的王昭君，别长安，出潼关，渡黄河，过雁门，去到塞外，她在匈奴那边度过了十几年岁月，生了一子二女，三十三岁逝世，她的墓在今内蒙古自治区首府呼和浩特市[1]附近的大青山，后人称为青冢。

群山万壑赴荆门，生长明妃尚有村。
一去紫台连朔漠，独留青冢向黄昏。
画图省识春风面，环珮空归月下魂。
千载琵琶作胡语，分明怨恨曲中论。

这就是杜甫《咏怀古迹》诗中，纪念王昭君的名句"独留青冢向黄昏"的出处。

---

[1] 呼和浩特是蒙古语"青色的城"之意。

第五十六堂

廿二史,全在兹,载治乱,知兴衰。
读史者,考实录,通古今,若亲目。
口而诵,心而惟,朝于斯,夕于斯。

历史讲到这里就告一段落了。不过这寥寥几句的结语
也道出了几个要点:

首先,不管什么朝代、不管谁当皇帝、不管谁当官、不管
制定了什么法令政策,最后的底线是"治"和"乱"的分别,
带来的就是"兴"和"衰"的不同结果。"治"就是和谐安定、
富足充裕,有适当而不是严苛的规范,有充分而不是失控的
自由。

其次,"读史者,考实录"这句话的意思是:读历史必须
探求事实和真相,用宏观的态度、广阔的视野、具体的证据来
看历史,不能够听信无稽的传言、用狭窄甚至主观的眼光、用
"想当然耳"独断的态度来看历史。

但是,反过来问:"历史"到底是什么呢? 拿破仑
(Napoléon Bonaparte)说过:"历史是共同接受的一堆谎言。"

（History is a set of lies agreed upon.）有个相似却更入骨三分的说法出自哲学家乔治·桑塔亚那（George Santayana）："历史是关于从来没有发生的事，由一群根本不在场的人讲出来的一堆谎言。"（History is a pack of lies about events that never happened told by people who weren't there.）

至于"通古今，若亲目"则正是唐太宗悼念魏徵说的"以铜为镜，可以正衣冠；以古为镜，可以知兴替；以人为镜，可以明得失"之意。古训《增广贤文》里也说过："观今宜鉴古，无古不成今。"这正是读历史目的。

昔仲尼,师项橐,古圣贤,尚勤学。
赵中令[1],读鲁论[2],彼既仕,学且勤。

讲完历史之后,《三字经》接着讲古人典范榜样,训勉孩子努力读书。

项橐七岁为孔子师

第一个例子是大家最尊敬的孔子。项橐七岁就做了孔子的老师,这句话出自《战国策·卷七·秦策五》,也来自《史记》的记载。

甘罗是秦始皇丞相吕不韦的幕僚,当时秦国企图联合燕国攻打赵国,因此想派大臣张唐出使燕国,可是张唐借故推

---

[1] 中令:中书令,用来代指宰相。

[2] 鲁论:就是《论语》。

辞,连吕不韦也没办法,甘罗自告奋勇愿意尝试去说服张唐。

吕不韦责备他说:"算了吧!连我都请不动他,你怎么行呢?"

甘罗回答:"夫项橐生七岁而为孔子师,今臣生十二岁于兹矣!"(项橐七岁就做了孔子的老师,我已经十二岁了,为什么您不让我试一试呢?)

至于项橐如何在七岁就成了孔子的老师呢?民间流传"项橐三难孔夫子"的故事:孔子带着弟子们驾车出游,正好有几个孩子在路上玩,别的孩子看到孔子的车子来了都赶快避开,只有项橐站在路中间,一动也不动,子路将车停了下来,骂道:"赶快让开!"

项橐回应说:"城池在此,车马怎能通过?"

孔子问:"城池在哪儿?"

项橐叉开双腿,指着路中间堆着的几块石子说:"这就是城池。"

孔子说:"城池又怎么样?"

项橐说:"是城池让车马,还是车马让城池?"

孔子无言以对,只好绕"城池"而过。

他们彼此还对答了好几个脑筋急转弯的问题:

天有多少星辰?天有一夜的星辰。

地有多少五谷?地有一季节的五谷。

人有多少眉毛?人有黑白两根眉毛。

什么水没有鱼？井水。

什么火没有烟？萤火虫的火。

什么车没有轮？风车。

孔子斗不过项橐，只好拜他为师。不幸的是天资聪颖的项橐十岁就去世了。

虽然这些都是传说，不过，孔子的确说过："三人行必有我师。"（《述而第七》）"后生可畏，焉知来者之不如今也？"（《子罕第九》）（年轻人是足以让人敬畏的，怎么能断定他将来赶不上现在的人呢？）也有句谚语说："学无前后，达者为先。"

熟读《论语》治天下

《三字经》里讲的另一个例子是宋朝的赵普，他在宋太祖和宋太宗两朝官拜宰相。赵普原是个私塾老师，后来当上了军事判官，虽然对衙门的法令很熟悉，但是学问不好；宋太祖出身卑微，他帮助宋太祖打天下，当上了宰相后，常在宋太祖面前讲一些微不足道的当年往事，宋太祖起先不以为意，只是劝他多读书，也跟他说过："当宰相的应该是个读书人。"赵普后来丢掉了宰相的官位，到了宋太宗时才又再出任宰相一职。

宋太宗曾跟他说："许多人说你读书不多，读的只是《论语》这本书而已。"

赵普回答:"我生平所知道的东西的确不多,但是过去用半部《论语》辅助太祖平天下,我打算用另外半部《论语》帮您治理天下!"

赵普到了晚年,读书手不释卷,每次回到家就关起门,开箱取书,埋首苦读到第二天上朝,处理政事总是得心应手、流利顺畅,他过世后,家人打开他的书箱,里面只放了《论语》这一本书。

《三字经》用孔子的例子说明即使学问再好的人,也有不知道的事;用赵普的例子说明即使地位再高、权力再大的人,还是要努力读书。

第五十八堂

披蒲编,削竹简,彼无书,且知勉。
头悬梁,锥刺股,彼不教,自勤苦。

接着用路温舒、公孙弘、孙敬和苏秦的例子鼓励孩子刻苦勤学。

就地取材抄书勤读

路温舒是西汉年间的人,父亲叫他去牧羊,他在水边割蒲草的叶子编成书简用来抄写,后来成为著名的司法家,他写的《尚德缓刑书》劝汉宣帝崇尚道德,减缓刑罚,是古文的名作之一。

公孙弘也是西汉年间的人,因为家贫无法好好读书,直到四十几岁时还在帮人家放猪。他觉得自己年纪已大,一事无成,于是下定决心努力读书,但他没钱买书。有一天,他在竹林中放猪,突然想到竹子是很好的书写材料,于是砍了许多竹子,削去青皮，制成一片片竹板，再向人家借书把内容抄写在竹简上，利用空闲时阅读。后来也成为一名学者，官至丞相。

## 悬梁刺股发愤苦读

孙敬是东汉时代著名的学者、政治家。他年轻时，勤奋好学，夜以继日不休息，为了避免打瞌睡，他把绳子的一端绑住头发，另一端则绑在梁上，就是"头悬梁"这句话的出处。孙敬常年闭门谢客，不和别人往来应酬，专心攻读诗书，所以被称为"闭户先生"（这倒和今天惯用的"宅男"一词相似）。

相传战国时代的苏秦跟随鬼谷子学成之后，周游奔波数年，一事无成，回到家里后，家人都对他不理不睬；于是闭门苦读，每当读书读得疲倦，忍不住想打瞌睡时，就拿起一支锥子刺自己的大腿以振作精神。这就是"锥刺股"一句的出处。

一年多后，苦读有成，出发游说六国，合纵抗秦，并促成六国达成联合盟约，由苏秦担任"从约长"，同时在六国都被任命为宰相。这时返回家乡，他家人对待他的态度简直反转了一百八十度。

第五十九堂

如囊萤,如映雪,家虽贫,学不辍。
如负薪,如挂角,身虽劳,犹苦卓。

接下去《三字经》以车胤、孙康、朱买臣和李密作为例子,他们虽然家境贫穷,仍然好学不辍。

囊萤映雪终成大器

车胤是东晋时代的人,他小时候家贫,家中连点灯的油都没有,夏天时,他就捉萤火虫放入绢布做的袋子里,靠着荧光照明来读书,长大后官拜吏部尚书。孙康是晋朝人,他年轻时也因家里穷,没有钱买油点灯,冬天晚上下雪后,映着雪光来读书,后来官至御史大夫。

讲到车胤,还有另一个故事:东晋孝武帝要给大家讲《孝经》,谢安、谢石两兄弟和其他人先在家里一起讨论,车胤也在其中,他有些疑问却不敢开口向他们请教,因为谢安、谢石都是非常有名望的大官和文人,车胤对旁边的人说:"不问就不能把精采的内容弄清楚,问了又怕劳烦谢家这两位大人物。"

那个人说:"你尽管问好了!哪里曾见过镜子因人们常常照用而疲乏,清澈的流水在乎和风的吹拂呢?"此即"明镜不疲于屡照"的出处。

我们做学生的,有疑问就要请教老师和长辈,因为他们都乐于指点我们,不会厌烦的;当然,我们也要记得孔子说的"不耻下问",年轻一代的人也有很多创意,只要保持对事物的好奇心,虚心求教,往往能收获丰富。

讲过囊萤、映雪的故事,大家应该也听过"凿壁偷光"匡衡的故事。西汉匡衡喜欢读书,家乡里有户人家藏书很多,他就到那户人家打工,讲明不要酬劳,只要主人将家里的藏书借给他看。他对《诗经》的研究很透彻,造诣很高,当时人有几句顺口溜:"无说《诗》,匡鼎来;匡说《诗》,解人颐。"(没有人讲解《诗经》就把匡衡请来,匡衡来讲解《诗经》,大家都乐开怀。)汉元帝时,匡衡官至宰相之位。

二○一二年,作家莫言荣获诺贝尔文学奖,他在电视专访时说,自己从小爱书,为了向邻居借书来看,帮邻居推磨,每推十圈才能看一页,访问的记者问:"不能推一圈就看一页吗?"莫言答说:"我愿意,人家不愿意呀!"

## 负薪挂角苦读成材

朱买臣是西汉汉武帝时期的政治人物，他年轻时靠砍柴来维持生计，但即使背着柴薪在路上走时，还是一面读书，后来他的妻子觉得他没有前途，就离开他改嫁了。昆曲《烂柯山》里按照民间传说描述朱买臣荣华富贵之后，用"覆水难收"的说法拒绝和妻子复合的故事。

李密是隋朝人，他年轻时在隋炀帝的宫廷里当侍卫，后来隋炀帝觉得他做事不专心，就免掉了他的差事；李密回家以后发愤读书，有一天骑着牛出门，宰相杨素看到他在牛角上挂着《汉书》，看到他如此把握时间读书，就提拔了他。

提醒一下，这个李密不是西晋时期写《陈情表》的那个李密。

囊萤映雪、凿壁偷光、负薪挂角都是随时读书、随地读书的榜样，欧阳修有比较风趣的说法，他的《归田录》："平生所作文章，多在'三上'：乃马上、枕上、厕上也。"同时代的钱惟演也说："生平惟好读书，坐则读经史，卧则读小说，上厕则阅小辞。"意即生平只喜欢读书，坐着时读经史，躺着时则读小说，上厕所时读短小的诗词。

苏老泉，二十七，始发愤，读书籍。
彼既老，犹悔迟，尔小生，宜早思。

《三字经》接下去举了两个例子说明读书不要受年龄限制，正是我们今天所说的终身学习吧！

文学史中，被称为"唐宋八大家"的是唐代的韩愈、柳宗元和宋代的欧阳修、苏洵、苏轼、苏辙、王安石、曾巩八位杰出的文学家，其中苏洵、苏轼、苏辙父子并称"三苏"。

苏洵就是苏老泉（虽然有人认为老泉是苏轼的称号），他年轻时到处游山玩水，到了二十七岁，在他的夫人程氏鼓励支持下，才决心发愤读书，四十多岁时，带着两个儿子苏轼和苏辙谒见欧阳修，得到欧阳修的赏识，因此声名大噪。

《古文观止》里收录一篇他的精采军事论文《心术》，就是当将领应该具备的心理条件，这篇文章的警句说："为将之道，当先治心。泰山崩于前而色不变，麋鹿兴于左而目不瞬，然后可以制利害，可以待敌。"就是面对敌人不恐惧、不分心。

又说:"凡战之道,未战养其财,将战养其力,既战养其气,既胜养其心。"就是战事前做好充分的资源准备,面临战争时要养精蓄锐,在战争中保持高昂的士气,胜利之后要平心静气,不骄傲、不松懈。又说:"善用兵者,使之无所顾,有所恃。"让士兵没有顾忌、担忧就不怕死,有依靠、信心就不会败。

若梁灏,八十二,对大廷,魁多士。
彼既成,众称异,尔小生,宜立志。

　　《三字经》说宋朝的梁灏到了八十二岁才中状元,鼓励小朋友要不断努力,有志者事竟成;不过历史记载,梁灏二十三岁中状元,四十二岁就去世了。《三字经》也许是按照明朝杂剧《梁状元一世不服老》的故事,以讹传讹吧!

　　按照《三字经》说法,梁灏八十二岁中了状元之后,写了一副对联:"白首穷经,少伏生八岁;青云得路,多太公二年。"就是说我比到了九十岁应汉文帝的请求传授《尚书》的伏生还小八岁,但比八十岁辅佐周文王的姜太公只大两岁而已。

　　他写了一首《登科谢恩诗》:"天福三年来应举,雍熙二载始成名。饶他白发巾中满,且喜青云足下生。观榜更无朋辈在,到家唯有子孙迎。也知年少登科好,争奈龙头属老成。"

据传他在公元九三八年（后晋天福三年）第一次应试，历经后汉、后周，至公元九八五年（宋太宗雍熙二年）才中了状元，整整考了四十七个年头！

第六十二堂

莹八岁，能咏诗；泌七岁，能赋棋。
彼颖悟，人称奇，尔幼学，当效之。

　　《三字经》又举了两个例子，说年纪小也不要妄自菲薄。北魏的祖莹八岁就能教咏诗，唐朝的李泌七岁就会下棋。不过这些年来，我们周围天才儿童的例子很多，七八岁会咏诗、下棋的孩子并不少见。

　　他们两个人很小就显现出惊人的聪明和才智，深得当时人们的赞赏和称奇。他们的表现和智商当然是绝对相关的，但若只是聪明而不努力学习，终究还是成不了大器的。

　　祖莹和李泌最难能可贵的是天资聪颖仍刻苦学习，几乎是手不释卷，把读书当成是生活中最大的乐趣。现在正在求学阶段的年轻学生，也应该效法他们的精神，努力用功读书。

蔡文姬，能辨琴；谢道韫，能咏吟。
彼女子，且聪敏，尔男子，当自警。


最后，《三字经》举了蔡文姬和谢道韫两个例子，说明读书也不应该有性别的差异，女子无才便是德的时代已经过去了。虽然现今中外社会里，"玻璃天花板"（glass ceiling）寓意着对女性学问和能力的歧视而产生的无形阻力，在很多地方还是存在，仍需要努力移除。

一如在国际新闻中，我们看到巴基斯坦的马拉拉（Malālah Yūsafzay）十一岁便开始在英国广播公司（ＢＢＣ）网站发表文章，她所写关于在塔利班（Taliban）组织下的生活，受到国际大众媒体的关注。二〇一二年十月，马拉拉搭校车返家途中遭到塔利班枪手开枪射击，头部受到重创，生命情况一度危急；她奇迹似地生还后，继续勇敢地挺身为争取女孩应有平等的受教育权利而奋战。

才女一唱十八拍

蔡文姬是三国时代的才女,她精通诗、书法和音律,可惜的是命运坎坷,十六岁结婚,丈夫在婚后一年就去世了;二十二岁那一年被匈奴掳去,强迫纳为王妃,生了两个儿子,也学会了异族的语言,学会了吹奏"胡笳",胡笳是中国北方少数民族的乐器。

十二年之后,曹操派人携黄金千两、白璧一双将蔡文姬赎回,她也因此离开了丈夫和两个儿子。回来后,曹操将蔡文姬许配给校尉董祀,婚后生了一儿一女,但董祀犯了死罪,蔡文姬向曹操求情,董祀获得赦免,他们两个看透世事,退隐山林。

蔡文姬最有名的《胡笳十八拍[1]》,描述从被掳到离开丈夫和儿子回到中原的心情。

第一拍描写被掳后遭受污辱:"我生之初尚无为,我生之后汉祚衰。天不仁兮降乱离,地不仁兮使我逢此时。干戈日寻兮道路危,民卒流亡兮共哀悲。烟尘蔽野兮胡虏盛,志意乖兮节义亏。对殊俗兮非我宜,遭恶辱兮当告谁?笳一会兮琴一拍,心愤怨兮无人知。"在太平安定中,我出生来到

---

[1] 拍:突厥语,一拍是一首、一段。

世上；汉朝国运衰败，我随着成长。苍天没有仁心啊，带来战乱流离；大地没有仁心啊，让我生逢此时。战乱连绵不断啊，陆上死难重重；百姓流离失所啊，心中慌乱悲痛。烟尘蔽野，胡兵强悍，违背我的意志，强夺我的节义。蛮风异俗，难以适应，恶言污辱，能向谁倾？吹一节胡笳，弹一拍瑶琴，满心的悲愤怨恨，举目无亲有谁怜？

第二拍描写被逼成婚："两拍张弦兮弦欲绝，志摧心折兮自悲嗟。"将琴弦拉紧，来唱第二拍，弦差不多要断了，心志被摧折，独自悲嗟。

第三拍描写到了胡地："越汉国兮入胡城，亡家失身兮不如无生。"越过汉界被掳到匈奴的城中，家园亡了、失了身，不如了此一生。

第四拍描写对乡土的思念："无日无夜兮不思我乡土，禀气含生兮莫过我最苦。"日日夜夜都在思念家乡，一息尚存的人唯我最苦。

第五拍描写南飞和北返的雁："雁南征兮欲寄边声，雁北归兮为得汉音。"想请托南飞的雁，把我远在塞外的讯息带回去；盼望飞回北方的雁，带来汉家的音讯。

第六拍描写异域的生活："冰霜凛凛兮身苦寒，饥对肉酪兮不能餐。"冰霜苦寒，面对异乡的饮食，肚子饿了，也无法下咽。

第七拍描写对景生悲："日暮风悲兮边声四起，不知愁心分说向谁是!"日落风急,边声四起,心中的愁苦,向谁倾诉?

第八拍描写怨恨的情绪:"为天有眼兮不见我独漂流,为神有灵兮何事处我天南海北头? 如果老天有眼,为什么看不到我孤独漂流;如果神有灵,为何让我处在天南海北头?

第九拍描写生命中毫无欢乐:"人生倏忽兮如白驹之过隙,然不得欢乐兮当我之盛年。"人生短暂有如白驹过隙,我正当盛年,却得不到欢乐。

第十拍描写战乱:"城头烽火不曾灭,疆场征战何时歇? 杀气朝朝冲塞门,胡风夜夜吹边月。"

第十一拍描写两个儿子:"胡人宠我兮有二子,鞠之育之兮不羞耻。"匈奴丈夫宠爱我,我为他生了两个儿子,我要养育他们成长,这并不羞耻。

第十二拍描写汉使来赎她回中原:"十有二拍兮哀乐均,去住两情兮难具陈。"第十二拍有哀伤也有喜乐,去和留两种心情很难说清楚。

第十三拍描写舍不得离开两个儿子:"不谓残生兮却得旋归,抚抱胡儿兮泪下沾衣。"想不到残生还有回到汉家机会,抚抱着两个儿子泪下沾衣。

第十四拍描写在梦魂中牵挂儿子:"山高地阔兮见汝无期,更深夜阑兮梦汝来斯。"山高地阔,不知何时才会再见到你们,更深夜静,梦到你们回来。

第十五拍描写母子分离:"子母分离兮意难任,同天隔越兮如商参,生死不相知兮何处寻!"母子分离,心中无法承受,如同天空中隔绝的商和参两颗星,是生是死全不知道,教我到何处去寻觅。

第十六拍描写别离时的心情:"今别子兮归故乡,旧怨平兮新怨长!"离开两个儿子,返回故乡,旧怨虽已被埋藏,新怨却又更长。

第十七拍描写过去和现在的心情:"去时怀土兮心无绪,来时别儿兮思漫漫。"去的时候怀念故土,回来的时候怀念儿子。

第十八拍是最后的结束:"胡笳本自出胡中,缘琴翻出音律同。十八拍兮曲虽终,响有余兮思无穷。是知丝竹微妙兮均造化之功,哀乐各随人心兮有变则通。胡与汉兮异域殊风,天与地隔兮子西母东。苦我怨气兮浩于长空,六合虽广兮受之不容!"胡笳是匈奴的乐器,胡笳的音乐可以在瑶琴上弹奏,音调和韵律本来都相同,虽然十八拍声尽曲终,但是茫茫的思绪却绵绵无穷。音乐的微妙有如天籁,随着各人心境的哀乐变化相通。匈奴和汉地域风俗各不同,天地遥对,日子各西东,丧苦的怨气,密布长空,天地再广,亦无法全部包容。


历代才女辈出


《三字经》里讲的另一位才女是东晋时期的谢道韫,她是宰相谢安的侄女,也是王羲之儿子王凝之的妻子。

讲到中国古代的才女，除了蔡文姬、谢道韫外，大家比较熟悉还有写"莫道不销魂，帘卷西风，人比黄花瘦"的宋朝李清照，写"月上柳梢头，人约黄昏后"的南宋词人朱淑真，写"花开不同赏，花落不同悲。若问相思处，花开花落时"的唐代诗人薛涛，帮忙哥哥班固完成编纂《汉书》的东汉历史学家班昭（她的二哥就是征西域的班超），写"愿得一心人，白头不相离"的汉代卓文君。

　　至于中国近代的才女呢？这就各有各的意见及看法了，若狭义地以文艺领域而言，我相信冰心、丁玲、林徽因、杨绛、潘玉良、凌叔华、张爱玲、三毛都可能在许多人的名单里。

第六十四堂

唐刘晏,方七岁,举神童,作正字。
彼虽幼,身已仕,尔幼学,勉而致,
有为者,亦若是。


　　最后,《三字经》又再举了一个神童的例子,那就是唐朝的刘晏。公元七二五年(开元十三年),唐玄宗到泰山祭祀天地,刘晏是山东曹州人,他趁这机会献上了一篇《东封书》,歌颂唐玄宗治国的功绩,其中有"万国来朝,四海会同。礼纲封禅,功齐尧舜"、"人情所望,人心所归"等句,文情并茂,唐玄宗当然龙心大悦,但是他还不完全相信这是刘晏自己写的文章,就请宰相张说鉴定一下,张说是当时的文坛领袖,就以围棋里"方、圆、动、静"四个字为题。

　　张说先吟道:"方若棋局,圆若棋子,动若棋生,静若棋死。"

　　刘晏回应说:"方若行义,圆若用智,动若聘才,静若得意。"

　　唐玄宗大喜,就任命他为秘书省正字郎,秘书省是负责掌管国家经典书籍的单位，正字郎的工作是校对藏书，抄写典籍，小小年纪能在中央政府当上个地位不低的科员，也真是令人侧目了。

后来刘晏整顿盐务，控制货币，平抑物价，成为一个著名的理财家、经济改革家。

犬守夜, 鸡司晨, 苟不学, 曷为人?
蚕吐丝, 蜂酿蜜, 人不学, 不如物。

　　狗在夜间替人看守家门, 鸡在每天早晨天亮时报晓。人如果不用心学习、整天得过且过, 有什么资格称为人呢? 蚕吐丝以供应我们做衣服的材料, 蜜蜂勤于酿制蜂蜜供给人们食用。人要是不懂得学习, 以自己的知识、技能来实现价值, 真是连小动物都不如。

　　这八句用犬、鸡、蚕、蜂做为例子, 它们都是微不足道的小动物, 但是都尽了责任做有用的事, 负责安全, 负责起居作息的时程, 蚕丝可以制作衣裳, 蜂蜜可以滋养身体。如果一个人不学习, 做不了有用的事, 那不但不是人, 而且连动物都不如了。

　　学习的目的在于应用知识, 如何把学到的知识用来为大众服务, 不枉费自己一生所学, 对后人也有所帮助。首要之务是结合理论与实际, 用所学解答生活中的实际问题, 并在实践中加深理解。

幼而学,壮而行,上致君,下泽民。
扬名声,显父母,光于前,裕于后。

　　幼时勤奋学习,长大学以致用,上能报效君主,下能造福百姓,这是一个受过教育的人应该有的抱负,而不是自己好好照顾自己就好了。

　　如果你为大家做出贡献,大家就会赞扬你,而且父母也可以分享你的荣耀,连祖先也因此增添了光彩,同时为后代留下了好榜样。

　　孔子在《孝经》第一章开宗明义地为"孝"这个观念下了一个定义:"身体发肤,受之父母。不敢毁伤,孝之始也。""立身行道,扬名于后世。以显父母,孝之终也。"其实扬名于后世,岂只是为父母,能够把好的观念、创作、典范、事业、制度流传于后世,正是每一个人做人做事的目标。

第六十七堂

人遗子,金满籯[1],我教子,惟一经。
勤有功,戏无益,戒之哉,宜勉力。

　　别人留给儿子是一箱一箱的金子,但是我留传给儿子的,就是这一本《三字经》里的教训,希望他们能勤于读书学习,长大后成为有作为的人。

　　知识是人类最宝贵的财富。做父母的再有钱,如果子女不求长进,又有什么用呢? 金钱财富总有用完的一日。到那时,一无所长,什么事也做不来,反而是害了他们;而书籍中自有修身、齐家、治国、平天下的道理,这才是取之不尽、用之不竭的宝藏。

　　清代名臣林则徐的祠有一副对联:"子孙若如我,留钱做什么? 贤而多财,则损其志。子孙不如我,留钱做

---

[1] 籯:竹编的箱笼。

什么？愚而多财，益增其过。"英文里有一句谚语："The best inheritance a parent can give to his children is a few minutes of their time each day."意思是说能够留给儿女最好的遗产，就是每天几分钟的相处时光，在今天步调匆忙快速的社会里，有多少父母能够做到呢？

## 勤奋耕耘，丰富收获

《三字经》最后的四句是"勤有功，戏无益，戒之哉，宜勉力"，是为了告诉孩子们，凡是勤奋上进的人都会有好的收获，而只顾贪玩，浪费了大好时光的人，最后一定会后悔的。

我们要时刻提醒自己，珍惜大好时光，持之以恒地读书学习，那么就会得到丰厚的收获，思想和学识也能因此愈加丰富，将来能做出更多贡献，才不枉人生在世。

但是这四句话今天也许也可以改成"勤有功，戏无害，双管下，快乐来"，英文里也有一句话："All work and no play makes Jack a dull boy. All play and no work makes Jack a mere toy."

工作和游戏是小朋友成长过程中的一体两面，更是相辅相成的，努力把学习做好，会玩得更开心，玩得尽兴才会把学习做得更好。尤其是在今天的教育环境之下，做家长的是不是为儿童安排了太多的补习课程、双语课程，甚至才艺、运动、服务，这些有趣的活动都变成了赶进度、争结果的课程？戒之哉！戒之哉！

# 结语

　　《三字经》这本儿童启蒙读物的内容大致可以分成四部分：一、道德励志，二、生活常识，三、经典文学，四、历史。

　　写完这本书后，我特别体会到在这么一个大架构之下，可以发挥的空间真的是非常非常大，我只是蜻蜓点水地以讲故事的形式，在浩瀚的数据中选取一些我认为对小朋友或大朋友有趣的东西来讲，在"完整性"和"平衡性"两方面，难免有许多缺失。我相信在这个大架构之下，不同作者会选取不同的资料，写出完全不同的书，也许这也正是读书和写书的乐趣。

sān zì jīng

# 三字经

nán sòng wáng yīng lín

〔南宋〕王应麟

中华书局

zhì shèng xiān shī tú

至圣先师图

人之初，性本善。
rén zhī chū，xìng běn shàn。

性相近，习相远。
xìng xiāng jìn，xí xiāng yuǎn。

苟不教，性乃迁。
gǒu bù jiào，xìng nǎi qiān。

教之道，贵以专。
jiào zhī dào，guì yǐ zhuān。

义 yì　方 fāng　教 jiào　子 zǐ　图 tú

昔 xī 孟 mèng 母 mǔ ，择 zé 邻 lín 处 chǔ ，
子 zǐ 不 bù 学 xué ，断 duàn 机 jī 杼 zhù 。
窦 dòu 燕 yān 山 shān ，有 yǒu 义 yì 方 fāng ，
教 jiào 五 wǔ 子 zǐ ，名 míng 俱 jù 扬 yáng 。

养不教，父之过；

教不严，师之惰。

子不学，非所宜；

幼不学，老何为？

玉不琢，不成器；

人不学，不知义。

为人子，方少时，

亲师友，习礼仪。

窦氏五桂图
dòu shì wǔ guì tú

香九龄，能温席。
xiāng jiǔ líng，néng wēn xí。

孝于亲，所当执。
xiào yú qīn，suǒ dāng zhí。

融四岁，能让梨。
róng sì suì，néng ràng lí。

弟于长，宜先知。
tì yú zhǎng，yí xiān zhī。

huáng xiāng xiào qīn tú

黄香孝亲图

shǒu xiào tì ， cì jiàn wén ，
首 孝 弟 ， 次 见 闻 ，

zhī mǒu shù ， shí mǒu wén 。
知 某 数 ， 识 某 文 。

yī ér shí ， shí ér bǎi ，
一 而 十 ， 十 而 百 ，

bǎi ér qiān ， qiān ér wàn 。
百 而 千 ， 千 而 万 。

孔融让梨图 kǒng róng ràng lí tú

sān cái zhě　　tiān dì rén
三 才 者 ，天 地 人 。

sān guāng zhě　　rì yuè xīng
三 光 者 ，日 月 星 。

sān gāng zhě　　jūn chén yì
三 纲 者 ，君 臣 义 ，

fù zǐ qīn　　fū fù shùn
父 子 亲 ，夫 妇 顺 。

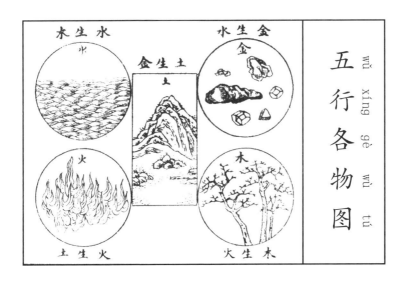

水生水　火　水生金　金　金生土　土　火生木　木　土生火　火生木

yuē chūn xià 日 春 夏 ，

yuē qiū dōng 日 秋 冬 ，

cǐ sì shí 此 四 时 ，

yùn bù qióng 运 不 穷 。

yuē nán běi 日 南 北 ，

yuē xī dōng 日 西 东 ，

cǐ sì fāng 此 四 方 ，

yīng hū zhōng 应 乎 中 。

曰<ruby>水<rt>shuǐ</rt></ruby>火，木金土，

此五行，本乎数。

曰仁义，礼智信，

此五常，不容紊。

稻粱菽，麦黍稷，

此六谷，人所食。

马牛羊，鸡犬豕，

此六畜，人所饲。

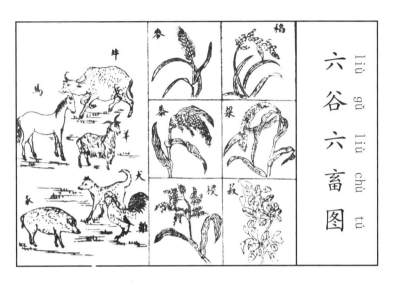

六谷六畜图
liù gǔ liù chù tú

曰喜怒，曰哀惧，
yuē xǐ nù　　yuē āi jù

爱恶欲，七情具。
ài wù yù　　qī qíng jù

匏土革，木石金，
páo tǔ gé　　mù shí jīn

丝与竹，乃八音。
sī yǔ zhú　　nǎi bā yīn

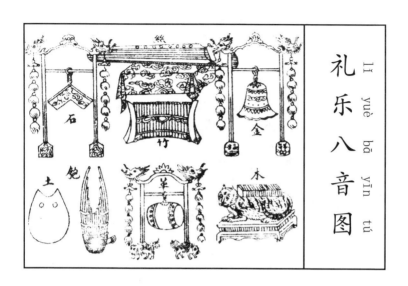

礼乐八音图
lǐ yuè bā yīn tú

石 金 土 竹 木

gāo zēng zǔ　　fù ér shēn
高 曾 祖 ，父 而 身 ，

shēn ér zǐ　　zǐ ér sūn
身 而 子 ，子 而 孙 ，

zì zǐ sūn　　zhì xuán zēng
自 子 孙 ，至 玄 曾 ，

nǎi jiǔ zú　　rén zhī lún
乃 九 族 ，人 之 伦 。

父子恩，夫妇从，

兄则友，弟则恭，

长幼序，友与朋，

君则敬，臣则忠，

此十义，人所同。

凡训蒙，须讲究。

详训诂，明句读。

为学者，必有初，

圣门讲道图

shèng mén jiǎng dào tú

小学终，至四书。
xiǎo xué zhōng, zhì sì shū.

论语者，二十篇，
lùn yǔ zhě, èr shí piān,

群弟子，记善言。
qún dì zǐ, jì shàn yán.

孟子者，七篇止，
mèng zǐ zhě, qī piān zhǐ,

孟子说齐图
mèng zǐ shuì qí tú

讲 道 德 ， 说 仁 义 。
jiǎng dào dé shuō rén yì

作 中 庸 ， 子 思 笔 ，
zuò zhōng yōng zǐ sī bǐ

中 不 偏 ， 庸 不 易 。
zhōng bù piān yōng bù yì

作 大 学 ， 乃 曾 子 ，
zuò dà xué nǎi zēng zǐ

自 修 齐 ， 至 平 治 。

孝 经 通 ， 四 书 熟 ，

如 六 经 ， 始 可 读 。

诗 书 易 ， 礼 春 秋 ，

号 六 经 ， 当 讲 求 。

有 连 山 ， 有 归 藏 ，

有 周 易 ， 三 易 详 。

有 典 谟 ， 有 训 诰 ，

孔子作孝经图

有誓命，书之奥。

我周公，作周礼，

著六官，存治体。

大小戴，注礼记，

鬼谷参易图
guǐ gǔ cān yì tú

述圣言，礼乐备。
shù shèng yán，lǐ yuè bèi。

曰国风，曰雅颂，
yuē guó fēng，yuē yǎ sòng，

号四诗，当讽咏。
hào sì shī，dāng fěng yǒng。

诗既亡，春秋作，
shī jì wáng，chūn qiū zuò，

dài shì zhù lǐ tú
戴氏注礼图

yù bāo biǎn ，  bié shàn è 。
寓 褒 贬 ， 别 善 恶 。

sān zhuàn zhě ， yǒu gōng yáng ，
三 传 者 ， 有 公 羊 ，

yǒu zuǒ shì ， yǒu gǔ liáng 。
有 左 氏 ， 有 榖 梁 。

jīng jì míng ， fāng dú zǐ ，
经 既 明 ， 方 读 子 ，

五子著书图<br>wǔ zǐ zhù shū tú

撮 其 要 ， 记 其 事 。<br>cuō qí yào　jì qí shì

五 子 者 ， 有 荀 杨 ，<br>wǔ zǐ zhě　yǒu xún yáng

文 中 子 ， 及 老 庄 。<br>wén zhōng zǐ　jí lǎo zhuāng

经 子 通 ， 读 诸 史 ，<br>jīng zǐ tōng　dú zhū shǐ

kǎo shì xì，zhī zhōng shǐ。
考世系，知终始。

zì xī nóng，zhì huáng dì，
自羲农，至黄帝，

hào sān huáng，jū shàng shì。
号三皇，居上世。

táng yǒu yú，hào èr dì，
唐有虞，号二帝，

xiāng yī xùn，chēng chéng shì。
相揖逊，称盛世。

xià yǒu yǔ，shāng yǒu tāng，
夏有禹，商有汤，

zhōu wén wǔ，chēng sān wáng。
周文武，称三王。

xià chuán zǐ，jiā tiān xià，
夏传子，家天下，

教民稼穡圖
jiào mín jià sè tú

sì bǎi zǎi    qiān xià shè
四 百 载 ， 迁 夏 社 。

tāng fá xià    guó hào shāng
汤 伐 夏 ， 国 号 商 ，

liù bǎi zǎi    zhì zhòu wáng
六 百 载 ， 至 纣 亡 。

zhōu wǔ wáng    shǐ zhū zhòu
周 武 王 ， 始 诛 纣 ，

唐虞揖让图
táng yú yī ràng tú

bā bǎi zǎi　　zuì cháng jiǔ
八 百 载 ，　最 长 久 。

zhōu zhé dōng　　wáng gāng zhuì
周 辙 东 ，　王 纲 坠 ，

chěng gān gē　　shàng yóu shuì
逞 干 戈 ，　尚 游 说 。

shǐ chūn qiū　　zhōng zhàn guó
始 春 秋 ，　终 战 国 ，

战<sub></sub>国游说图

zhàn guó yóu shuì tú
战国游说图

wǔ bà qiáng　　qī xióng chū
五霸强，七雄出。

yíng qín shì　　shǐ jiān bìng
赢秦氏，始兼并，

chuán èr shì　　chǔ hàn zhēng
传二世，楚汉争。

gāo zǔ xīng　　hàn yè jiàn
高祖兴，汉业建，

西蜀即位图
xī shǔ jí wèi tú

至孝平，　王莽篡。
zhì xiào píng wáng mǎng cuàn

光武兴，　为东汉，
guāng wǔ xīng wéi dōng hàn

四百年，　终于献。
sì bǎi nián zhōng yú xiàn

魏蜀吴，　争汉鼎，
wèi shǔ wú zhēng hàn dǐng

金陵建都图
jīn líng jiàn dū tú

号三国，迄两晋。
hào sān guó　　qì liǎng jìn

宋齐继，梁陈承，
sòng qí jì　　liáng chén chéng

为南朝，都金陵。
wéi nán cháo　　dū jīn líng

北元魏，分东西，
běi yuán wèi　　fēn dōng xī

宇文周，与高齐。

迨至隋，一土宇，

不再传，失统绪。

唐高祖，起义师，

除隋乱，创国基。

二十传，三百载，

梁灭之，国乃改。

梁唐晋，及汉周，

píng yáng chēng dì tú
平阳称帝图

chēng wǔ dài　　jiē yǒu yóu
称 五 代 ， 皆 有 由 。

yán sòng xīng　　shòu zhōu shàn
炎 宋 兴 ， 受 周 禅 ，

shí bā chuán　　nán běi hùn
十 八 传 ， 南 北 混 。

liáo yǔ jīn　　dì hào fēn
辽 与 金 ， 帝 号 纷 ，

晋阳举义图
jìn yáng jǔ yì tú

dài miè liáo，sòng yóu cún。
迨 灭 辽 ， 宋 犹 存 。

zhì yuán xīng，jīn xù xiē，
至 元 兴 ， 金 绪 歇 ，

yǒu sòng shì，yī tóng miè，
有 宋 世 ， 一 同 灭 ，

bìng zhōng guó，jiān róng dí。
并 中 国 ， 兼 戎 翟 。

陈桥即位图
chén qiáo jí wèi tú

明 太 祖 ， 久 亲 师 。
míng tài zǔ jiǔ qīn shī

传 建 文 ， 方 四 祀 。
chuán jiàn wén fāng sì sì

迁 北 京 ， 永 乐 嗣 。
qiān běi jīng yǒng lè sì

迨 崇 祯 ， 煤 山 逝 。
dài chóng zhēn méi shān shì

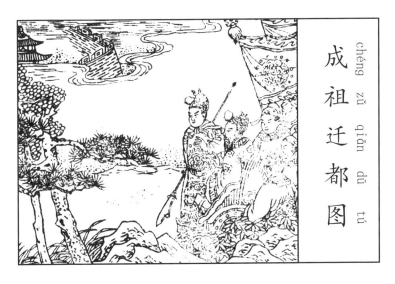

成祖迁都图
chéng zǔ qiān dū tú

廿二史，全在兹，
niàn èr shǐ　quán zài zī

载治乱，知兴衰。
zǎi zhì luàn　zhī xīng shuāi

读史者，考实录，
dú shǐ zhě　kǎo shí lù

通古今，若亲目。
tōng gǔ jīn　ruò qīn mù

项彙阻车图
xiàng tuó zǔ chē tú

口而诵，心而惟，
kǒu ér sòng　xīn ér wéi

朝于斯，夕于斯。
zhāo yú sī　xī yú sī

昔仲尼，师项彙，
xī zhòng ní　shī xiàng tuó

古圣贤，尚勤学。
gǔ shèng xián　shàng qín xué

中令勤学图 zhōng lìng qín xué tú

赵(zhào) 中(zhōng) 令(lìng) ，读(dú) 鲁(lǔ) 论(lún) ，

彼(bǐ) 既(jì) 仕(shì) ，学(xué) 且(qiě) 勤(qín) 。

披(pī) 蒲(pú) 编(biān) ，削(xiāo) 竹(zhú) 简(jiǎn) ，

彼(bǐ) 无(wú) 书(shū) ，且(qiě) 知(zhī) 勉(miǎn) 。

头悬梁　，　锥刺股　，

彼不教　，　自勤苦　。

如囊萤　，　如映雪　，

家虽贫　，　学不辍　。

如负薪　，　如挂角　，

身虽劳　，　犹苦卓　。

苏老泉　，　二十七　，

始发愤　，　读书籍　。

苏洵发奋图 sū xún fā fèn tú

彼 bǐ 既 jì 老 lǎo ，犹 yóu 悔 huǐ 迟 chí ，

尔 ěr 小 xiǎo 生 shēng ，宜 yí 早 zǎo 思 sī 。

若 ruò 梁 liáng 灏 hào ，八 bā 十 shí 二 èr ，

对 duì 大 dà 廷 tíng ，魁 kuí 多 duō 士 shì 。

李泌赋棋图

彼既成，众称异，
bǐ jì chéng，zhòng chēng yì，

尔小生，宜立志。
ěr xiǎo shēng，yí lì zhì。

莹八岁，能咏诗；
yíng bā suì，néng yǒng shī；

泌七岁，能赋棋。
mì qī suì，néng fù qí。

bǐ yǐng wù，rén chēng qí，
彼 颖 悟 ， 人 称 奇 ，

ěr yòu xué，dāng xiào zhī。
尔 幼 学 ， 当 效 之 。

cài wén jī，néng biàn qín；
蔡 文 姬 ， 能 辨 琴 ；

xiè dào yùn，néng yǒng yín。
谢 道 韫 ， 能 咏 吟 。

bǐ nǚ zǐ，qiě cōng mǐn，
彼 女 子 ， 且 聪 敏 ，

ěr nán zǐ，dāng zì jǐng。
尔 男 子 ， 当 自 警 。

táng liú yàn，fāng qī suì，
唐 刘 晏 ， 方 七 岁 ，

jǔ shén tóng，zuò zhèng zì。
举 神 童 ， 作 正 字 。

ji quǎn fēng cán tú

鸡犬蜂蚕图

bǐ suī yòu　　shēn yǐ shì
彼 虽 幼 ，　身 已 仕 ，

ěr yòu xué　　miǎn ér zhì
尔 幼 学 ，　勉 而 致 ，

yǒu wéi zhě　　yì ruò shì
有 为 者 ，　亦 若 是 。

quǎn shǒu yè　　jī sī chén
犬 守 夜 ，　鸡 司 晨 ，

苟不学，曷为人？

蚕吐丝，蜂酿蜜，

人不学，不如物。

幼而学，壮而行，

上致君，下泽民。

扬名声，显父母，

光于前，裕于后。

人遗子，金满籝，

jiào zǐ yī jīng tú

教子一经图

wǒ jiào zǐ　　wéi yī jīng

我 教 子 ， 惟 一 经 。

qín yǒu gōng　　xì wú yì

勤 有 功 ， 戏 无 益 ，

jiè zhī zāi　　yí miǎn lì

戒 之 哉 ， 宜 勉 力 。